IFO-INSTITUT FÜR WIRTSCHAFTSFORSCHUNG

STRUKTUR UND WACHSTUM
REIHE INDUSTRIE

Heft 32

IFO-INSTITUT FÜR WIRTSCHAFTSFORSCHUNG

Druckerei- und Vervielfältigungsindustrie

Strukturwandlungen und Entwicklungsperspektiven für die achtziger Jahre

Von

Klaus Grefermann

DUNCKER & HUMBLOT / BERLIN

Alle Rechte vorbehalten
© 1980 Duncker & Humblot, Berlin 41
Gedruckt 1980 bei Buchdruckerei Bruno Luck, Berlin 65
Printed in Germany
ISBN 3 428 04638 2

Vorwort

Das Ifo-Institut für Wirtschaftsforschung sieht eine seiner Hauptaufgaben darin, den strukturellen Umschichtungen innerhalb einer wachsenden Wirtschaft nachzugehen. Es hat deshalb die Schriftenreihe „Struktur und Wachstum" ins Leben gerufen.

In zwangloser Folge erscheinen Studien über den strukturellen Wandel und die sich daraus ergebenden Wachstumschancen dieser Bereiche. Die vorliegende „Reihe Industrie" vermittelt einen Einblick in Strukturwandlungen und deren Ursachen in wichtigen Industriegruppen der Bundesrepublik. Die Untersuchungen werden in den Branchenreferaten der Abteilung Industrie, die unter Leitung von Friedrich Otto Bonhoeffer steht, durchgeführt.

Die vorliegende Studie schließt an eine im Jahre 1973 in dieser Reihe erschienene Untersuchung an. Das traditionelle Gefüge von Informationsübertragung und -speicherung ist durch neue technische Entwicklungen in den letzten Jahren stark in Bewegung geraten. Dies ließ es angezeigt erscheinen, sich erneut mit der Druckerei- und Vervielfältigungsindustrie zu beschäftigen.

Das Bundesministerium für Wirtschaft hat die Studie finanziell unterstützt.

München, Oktober 1979

Dr. *Karl Heinrich Oppenländer*

Präsident
des Ifo-Instituts für Wirtschaftsforschung, München

Inhaltsverzeichnis

I.	*Bedeutung der Druckindustrie*	13
	1. Vor- und nachgelagerte Bereiche	13
	2. Stellung in der Gesamtindustrie	15
	3. Wachstumsvergleich mit der Gesamtindustrie	17
	4. Regionale Verteilung in der Bundesrepublik	17
II.	*Unternehmensstruktur, Konzentration und Kooperation*	20
III.	*Veränderungen der Produktionsstruktur der Druckindustrie*	25
	1. Übersicht	25
	2. Der Beitrag des Handwerks zur Druckproduktion	26
	3. Entwicklung der Produktionsstruktur	26
	4. Produktionsentwicklung in den einzelnen Teilbereichen der Druckindustrie	29
	a) Zeitungen	29
	b) Zeitschriften	36
	c) Geschäftspapiere	42
	aa) Formulare und verwandte Erzeugnisse	42
	bb) Sonstige Geschäftspapiere	45
	d) Werbungsmaterial	48
	e) Bücher und Broschüren	52
	f) Druckerzeugnisse für Verpackungszwecke	56
	g) Kunstdruckblätter und -karten	58
	h) Kalender	61
	i) Sonstige Druckerzeugnisse	63

IV. Außenhandel mit Druckerei-Erzeugnissen ... 65

1. Überblick ... 65
2. Einfuhren ... 67
3. Ausfuhren ... 69
4. Innerdeutscher Handel ... 71

V. Faktoreinsatz und Produktivität ... 73

1. Bruttoproduktionswert und seine Komponenten ... 73
2. Arbeitskräfteeinsatz ... 75
3. Kapitaleinsatz ... 80
4. Material- und Energieeinsatz ... 84
5. Dispositiver Faktor ... 86
6. Faktorsubstitution und Produktivität ... 88
   a) Substitution von Arbeit durch Kapital ... 88
   b) Entwicklung der Produktivität und ihrer Erklärungskomponenten ... 90
      aa) Arbeitsproduktivität ... 90
      bb) Technischer Fortschritt ... 90
      cc) Technische Veränderungen bei den Produktionsverfahren ... 92

VI. Entwicklungsperspektiven der Druckindustrie ... 98

1. Einfluß neuer Technologien ... 98
   a) Übersicht ... 98
   b) Neue Telekommunikationstechniken unter Verwendung des TV-Geräts ... 99
   c) Fernkopieren ... 102
   d) Mikroverfilmung ... 103
   e) Kopieren ... 104
   f) Einfluß der Behörden- und Hausdruckereien ... 105
2. Vorausschätzung der Produktion von Druckereierzeugnissen ... 106

Verzeichnis der Tabellen

Tab.	1:	Absatzstruktur für Druckerei-Erzeugnisse	14
Tab.	2:	Inputstruktur der Druckindustrie	15
Tab.	3:	Stellung und Entwicklung der Druckindustrie im Rahmen der Gesamtindustrie	16
Tab.	4:	Verteilung von Beschäftigten und Umsatz in der Druckindustrie nach Bundesländern	19
Tab.	5:	Betriebsgrößenstruktur in der Druckindustrie und in der Gesamtindustrie	20
Tab.	6:	Bedeutung von Kleinbetrieben bei der Produktion von Druckerzeugnissen im Jahre 1976	22
Tab.	7:	Einstellung der Druckindustrie zur zwischenbetrieblichen Kooperation	23
Tab.	8:	Entwicklung der Produktionsstruktur bei Druckerei-Erzeugnissen	27
Tab.	9:	Entwicklung der Produktionsstruktur bei Lichtpaus- und verwandten Waren	28
Tab.	10:	Entwicklung der Druckauflage von Zeitungen	30
Tab.	11:	Anteil der Anzeigenseiten an der Seitenzahl der durchschnittlichen Hauptausgabe im Jahre 1976	32
Tab.	12:	Anteil der Anzeigenseiten an der Seitenzahl der durchschnittlichen Nebenausgabe im Jahre 1976	33
Tab.	13:	Anteil der Werbemittel am Gesamt-Werbeumsatz	34
Tab.	14:	Entwicklung der Produktion von Zeitungen	35
Tab.	15:	Titel, Auflage und Art der verlegten Zeitschriften im Jahre 1976	38
Tab.	16:	Entwicklung der Druckauflage von Zeitschriften	40
Tab.	17:	Entwicklung der Produktion von Zeitschriften	41
Tab.	18:	Entwicklung der Produktion von Formularen und verwandten Erzeugnissen	44
Tab.	19:	Beförderte Briefe und Postkarten	46
Tab.	20:	Entwicklung der Produktion von sonstigen Geschäftspapieren	47
Tab.	21:	Beförderte Massendrucksachen und Wurfsendungen in der Bundesrepublik Deutschland	50

Verzeichnis der Tabellen

Tab. 22:	Entwicklung der Produktion von Werbungsmaterial	51
Tab. 23:	Internationale Buchtitelproduktion 1974	53
Tab. 24:	Struktur der Titelproduktion bei Büchern und Broschüren	54
Tab. 25:	Entwicklung der Produktion von Büchern	55
Tab. 26:	Entwicklung der Produktion von Druckerzeugnissen für Verpackungszwecke	57
Tab. 27:	Entwicklung der Produktion von Kunstdruckblättern	59
Tab. 28:	Entwicklung der Produktion von Kunstdruckkarten	60
Tab. 29:	Entwicklung der Produktion von Kalendern	62
Tab. 30:	Entwicklung der Produktion von „Sonstigen Druckerzeugnissen"	64
Tab. 31:	Produktion, Ein- und Ausfuhren von Druckerei-Erzeugnissen im Jahre 1977	67
Tab. 32:	Entwicklung der Warenstruktur der Einfuhren von Druckerei-Erzeugnissen	68
Tab. 33:	Entwicklung der Warenstruktur der Ausfuhren von Druckerei-Erzeugnissen	70
Tab. 34:	Innerdeutscher Handel mit Druckerzeugnissen	72
Tab. 35:	Bruttoproduktionswert und seine Komponenten im Jahre 1976	74
Tab. 36:	Entwicklung des Arbeitseinsatzes in der Druckerei-Industrie	75
Tab. 37:	Arbeitsmarktstatistische Daten im Druckbereich	76
Tab. 38:	Lohnkosten in der Druckindustrie	78
Tab. 39:	Beschäftigte der Druckindustrie nach der Stellung im Betrieb	79
Tab. 40:	Zahlen zur Investitionstätigkeit der Druckindustrie	81
Tab. 41:	Anteile der verschiedenen Druckverfahren an der Produktion der Druckindustrie	82
Tab. 42:	Material- und Wareneingang in der Druckindustrie (1967)	84
Tab. 43:	Direkte reale Energiekostenbelastung	86
Tab. 44:	Entwicklung von Brutto-Anlagevermögen und Investitionsvolumen je Beschäftigten	89
Tab. 45:	Entwicklung der Arbeitsproduktivität	91
Tab. 46:	Erklärungskomponenten des Produktionswachstums	93
Tab. 47:	Altersstruktur ausgewählter Maschinen in der Druckindustrie	94
Tab. 48:	Parameter und statistische Prüfmaße der ermittelten Funktionen	108

Verzeichnis der Abbildungen

Abb. 1: Produktionswachstum und Branchenkoeffizient der Druckindustrie 18

Abb. 2: Entwicklung des Außenhandels mit Druckerzeugnissen 66

Abb. 3: Anwendungskategorien und -beispiele von Bildschirmtext 101

Abb. 4: Produktionsentwicklung der Druckindustrie bis 1990 110

I. Bedeutung der Druckindustrie

1. Vor- und nachgelagerte Bereiche

Druckerzeugnisse umgeben jeden Menschen im täglichen Leben, sei es im privaten, sei es im beruflichen Bereich. Dementsprechend stellt sich auch die Absatzstruktur der Branche dar (vgl. Tabelle 1). Der bedeutendste Nachfragesektor nach Druckleistungen ist der private Verbrauch; er nimmt mehr als ein Viertel des Outputs der Druckindustrie[1] auf. In Wirklichkeit ist die Ausstrahlung des privaten Sektors deswegen noch viel größer, weil ein erheblicher Teil der Lieferungen an die „sonstigen Dienstleistungen" — hierunter sind vor allem Zeitschriften-, Zeitungs-, Buch- und Kalenderverlage zu verstehen — von diesem Sektor an die privaten Haushalte abgesetzt wird.

Das verarbeitende Gewerbe nimmt rund ein Fünftel der Druckproduktion auf, wobei sich kein eindeutiger Branchenschwerpunkt ergibt. Bei den internen Lieferungen — mit 2,5 % ist die Druckindustrie ihr bedeutendster Abnehmer aus dem industriellen Bereich — handelt es sich vor allem um Zulieferungen der Spezialbetriebe des Druckformen- und Reprobereichs.

Dienstleistungsunternehmen außerhalb des Verlagswesens, vor allem Kreditinstitute und Versicherungsunternehmen, aber auch Post, Bahn und Gebietskörperschaften, komplettieren den breitgefächerten Abnehmerkreis.

Auf der Inputseite konzentrieren sich die Beziehungen der Druckindustrie im wesentlichen auf die Lieferanten der Vormaterialien Papier (24,2 %)[2], Druckfarben, Folien, Filme und Kunststoffe (17,1 %) sowie Druckformen (interne Lieferungen, 7,1 %). Auf diese Vorlieferanten entfällt rund die Hälfte des sekundären Inputs (vgl. Tabelle 2).

---

[1] Druckindustrie steht im folgenden als Synonym für Druckerei- und Vervielfältigungs-*industrie*. Das Handwerk ist in den statistischen Angaben dieser Untersuchung — wenn nicht ausdrücklich vermerkt — nicht enthalten.

[2] Nicht berücksichtigt sind in diesem Anteil die Papierbeistellungen der Verlage, die eine beachtliche Bedeutung haben.

Tabelle 1

Absatzstruktur für Druckerei-Erzeugnisse

(Basis: Bruttoproduktionswert 1972; Anteile in %)

Wirtschaftszweig	Absatz von Druckerei-Erzeugnissen
Land- und Forstwirtschaft, Fischerei	0,0
Energiewirtschaft, Bergbau	1,5
Verarbeitendes Gewerbe	20,6
darunter:	
Chemische Industrie	(1,3)
Maschinenbau	(1,7)
Elektrotechnische Industrie	(2,0)
Druckerei- und Vervielfältigungsindustrie	(2,5)
Nahrungs- und Genußmittelindustrie	(2,3)
Verarb. Handwerk, Kleinindustrie und sonst. prod. Gewerbe	(2,0)
Handel	2,5
Verkehr, Nachrichtenübermittlung	3,5
Kreditinstitute und Versicherungsgewerbe	5,6
Sonstige Dienstleistungen	21,8
Privater Verbrauch	26,7
Öffentlicher Verbrauch	8,6
Anlageinvestitionen	0,6
Vorratsveränderungen	0,2
Ausland (Ausfuhren)	8,1
Insgesamt	100

Quelle: R. Pischner, R. Stäglin und H. Wessels, Input-Outputrechnung für die Bundesrepublik Deutschland 1972, DIW, Beiträge zur Strukturforschung, Heft 38, Berlin 1975.

Für die deutsche Papierindustrie ist die Druckindustrie einer der bedeutendsten Kunden; rund vier Millionen des rechnerischen Verbrauchs von Papier und Pappe (1977: 8,4 Mill. t) in der Bundesrepublik entfallen auf grafische Papiere. Papiererzeugung als Lieferant von Vormaterialien sowie Papierverarbeitung und Druckindustrie als „papierverarbeitende" Bereiche werden gemeinsam als Papierwirtschaft bezeichnet. Dabei ist die Abgrenzung zwischen Papierverarbeitung und Druckindustrie schwierig; die Übergänge sind fließend. So gibt es Maschinen, die in einem Arbeitsgang Verpackungen herstellen und bedrucken: In einer Maschinenstraße sind gleichsam beide Branchen vertreten.

Tabelle 2

Inputstruktur[a] der Druckindustrie

(Basis: Bruttoproduktionswert; Anteile in %)

Wirtschaftszweig	
Land- und Forstwirtschaft, Fischerei	0,2
Energiewirtschaft, Bergbau	3,0
Verarbeitendes Gewerbe	61,4
darunter:	
Chemische Industrie	(17,1)
Zellstoff- und Papiererzeugung	(24,2)
Druckerei- und Vervielfältigungsindustrie	(7,1)
Verarb. Handwerk, Kleinindustrie und sonst. prod. Gewerbe	(3,1)
Handel	7,9
Verkehr, Nachrichtenübermittlung	9,9
Kreditinstitute und Versicherungsgewerbe	1,4
Übrige Dienstleistungen	16,2
Insgesamt	100

a) Struktur der sekundären Inputs aus inländischer Produktion.
Quelle: R. Pischner, R. Stäglin und H. Wessels, Input-Outputrechnung für die Bundesrepublik Deutschland 1972, DIW, Beiträge zur Strukturforschung, Heft 38, Berlin 1978.

Innerhalb der Papierwirtschaft, die in der oben genannten Abgrenzung 1977 einen Gesamtumsatz von 34,6 Mrd. DM erzielte, hat die Druckindustrie das größte Gewicht. Auf sie entfielen von diesem Umsatz 43,3 % (Papierverarbeitung 33,3 %; Papiererzeugung 23,4 %).

2. Stellung in der Gesamtindustrie

Auf die Druckindustrie entfielen 1966 1,8 % des gesamtindustriellen Umsatzes. Dieser Anteil blieb im gesamten Beobachtungszeitraum unverändert (vgl. Tabelle 3). Dabei ist jedoch zu berücksichtigen, daß die Erzeugerpreise für Druckereierzeugnisse von 1966 bis 1976 um 59,9 %, diejenigen für alle Industrieerzeugnisse dagegen nur um 45,1 % gestiegen sind, daß also bei Realbetrachtung das Umsatzwachstum der Druckindustrie unterproportional verlief.

Der Anteil der Beschäftigten in der Druckindustrie an denen in der Gesamtindustrie lag mit 2,6 % deutlich über dem entsprechenden Umsatzanteil. Die Druckindustrie kann trotz eines vermehrten Einsatzes an hochtechnischen An-

Tabelle 3: Stellung und Entwicklung der Druckindustrie im Rahmen der Gesamtindustrie

Merkmal	Einheit		Druckerei-Industrie[a]			Industrie insgesamt[b]			Druckerei-Industrie in % der Industrie insgesamt		
	Zeit	Maß	1966	1971	1976	1966	1971	1976	1966	1971	1976
Beschäftigte	MD	1000	216	224	190	8 385	8 538	7 428	2,6	2,6	2,6
Umsatz[c]	J	Mill.DM	6 874	10 136	14 784	388 029	563 033	819 650	1,8	1,8	1,8
davon: Inlandsumsatz	J	Mill.DM	6 754	9 851	14 235	321 720	453 036	620 970	2,1	2,2	2,3
Auslandsumsatz	J	Mill.DM	120	285	549	66 309	109 997	198 680	0,2	0,3	0,3
Löhne und Gehälter	J	Mill.DM	2 315	3 797	5 024	86 480	138 133	193 762	2,7	2,8	2,6
Geleistete Arbeiterstunden	J	Mill.Std.	328	327	261	12 221	11 726	9 392	2,7	2,8	2,8
Bruttoanlageinvestitionen	J	Mill.DM	480	800	760	23 975	38 225	36 265	2,0	2,1	2,1
Kennzahlen									Gesamtindustrie = 100		
Umsatz je Beschäftigten	J	DM	31 864	45 253	77 976	46 278	65 945	110 341	68,5	68,6	70,7
Löhne und Gehälter je 1000 DM Umsatz	MD	DM	337	375	340	223	245	236	151,1	153,1	144,1
Lohn je geleistete Arbeiterstunde	MD	DM	5,26	8,54	13,62	4,87	7,82	12,86	108,0	109,2	105,9
Investitionsquote[c] [d]	J	%	7,0	7,9	5,1	6,0	6,8	4,4	116,7	116,2	115,9
Investitionsintensität[e]	J	1000 DM	2 225	3 570	4 010	2 875	4 475	4 880	77,4	79,8	82,2

a) Hauptbeteiligte Industriegruppe. – b) Ohne öffentliche Energiewirtschaft und ohne Bauindustrie; Bundesgebiet einschl. Saarland und Berlin (West). – c) Umsatz ab 1971 ohne Mehrwertsteuer. – d) Investitionen in % des Umsatzes. – e) Investitionen je Beschäftigten.
Quelle: Statistisches Bundesamt, Fachserie D, Reihe 1 (I); Ifo-Investitionstest.

lagen immer noch als arbeitsintensive Branche charakterisiert werden. Der Anteil der Lohn- und Gehaltssumme am Umsatz betrug im Jahre 1976 34 % gegenüber 23,6 % im Durchschnitt der gesamten Industrie. Das Lohnniveau (Lohnsumme je geleistete Arbeitsstunde) liegt über dem industriellen Durchschnitt.

Hinsichtlich der Investitionen zeigt sich, daß — bezogen auf den Umsatz — die Druckerei-Industrie über dem Mittelwert der gesamten Industrie liegt. Bezieht man die Investitionsausgaben jedoch auf die Beschäftigten, so erreicht die Druckindustrie nicht das Durchschnittsniveau.

3. Wachstumsvergleich mit der Gesamtindustrie

Im Zeitraum 1966 bis 1976 ist das Produktionswachstum der Druckindustrie hinter demjenigen der Gesamtindustrie zurückgeblieben. Dies wird insbesondere durch den Branchenkoeffizienten illustriert, der die Veränderung des jährlichen Produktionswachstums der Branche im Vergleich zur Veränderung des jährlichen Produktionswachstums der gesamten Industrie angibt. Aus der Gegenüberstellung (vgl. Abbildung 1) geht hervor, daß lediglich im Jahre 1972 ein Koeffizient über 1 zu verzeichnen ist. Bis auf zwei Ausnahmen (1967 und 1971) weisen die verglichenen Wachstumsraten aber das gleiche Vorzeichen auf, d.h., daß der Konjunkturverlauf in den beiden Aggregaten ähnlich ist. Über die gesamte Untersuchungsperiode (1966 bis 1976) wuchs die Produktion[3] in der Druckindustrie um 27 % (Gesamtindustrie: 40 %).

4. Regionale Verteilung in der Bundesrepublik

Die regionale Verteilung der Druckindustrie auf die Bundesländer entspricht etwa der Verteilung der Wohnbevölkerung (vgl. Tabelle 4). Überproportional ist die Branche in solchen Regionen vertreten, in denen sich die Druckereien der großen Verlage befinden. Dies gilt beispielsweise für Hamburg, Bayern (München, Nürnberg) und Baden-Württemberg (Nord-Württemberg). Innerhalb der Bundesländer sind vor allem die Großstädte Standorte großer Druckereien. Allerdings zeichnet sich in den letzten Jahren verstärkt die Tendenz ab, Neugründungen oder Betriebsverlagerungen in stadtnahe Randgebiete vorzunehmen, wo das Grundstücksangebot großzügiger ist.

---

[3] Gemessen am Index der Nettoproduktion.

I. Bedeutung der Druckindustrie

Produktionswachstum und Branchenkoeffizient der Druckindustrie Abb.1

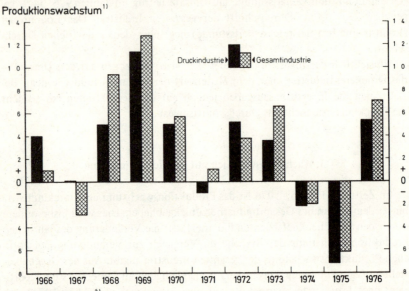

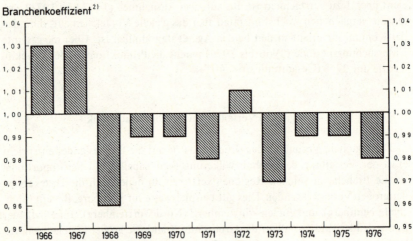

1) *Veränderung der Produktion gegenüber Vorjahr in %.*
2) *Vergleich mit dem Produktionswachstum der Gesamtindustrie.*

Quelle: Statistisches Bundesamt.

IFO-INSTITUT für Wirtschaftsforschung München 319/79

4. Regionale Verteilung in der Bundesrepublik

Tabelle 4

Verteilung von Beschäftigten und Umsatz in der Druckindustrie nach Bundesländern

(1976, in %)

Bundesland	Druckindustrie Beschäftigte	Umsatz	Wohnbevölkerung
Hamburg	4,4	4,6	2,8
Niedersachsen	8,0	6,7	11,8
Bremen	1,0	0,9	1,2
Nordrhein-Westfalen	23,6	23,4	27,7
Hessen	10,6	10,5	9,0
Rheinland-Pfalz	4,0	3,9	5,9
Baden-Württemberg	17,9	18,7	14,8
Bayern	19,6	18,9	17,6
Schleswig-Holstein / Saarland	7,0	8,7	6,0
Berlin (West)	3,9	3,7	3,2
Bundesrepublik insges.	100	100	100

Quelle: Statistisches Bundesamt, Reihe 4.1.

II. Unternehmensstruktur, Konzentration und Kooperation

Nach den Ergebnissen des Zensus im produzierenden Gewerbe wies die Druckindustrie am 30. September 1967[1] im Bundesgebiet 5879 *Unternehmen* auf. Auf diese Branche entfiel damit jedes fünfzehnte der insgesamt gut 86 000 Industrieunternehmen der Bundesrepublik. Von den Industrieunternehmen insgesamt hatten 1967 46,5 % weniger als 10 Beschäftigte; bei der Druckindustrie betrug dieser Anteil 47,0 %. Damit waren in dieser Branche Kleinstunternehmen etwa so häufig vertreten wie im Durchschnitt der Gesamtindustrie. Die Zahl der Betriebe lag in der Druckindustrie 1975[2] um rund 8 % höher als die Zahl der Unternehmen. Verschiedene Unternehmen weisen also mehr als einen Druckerei-Betrieb auf.

Im Vergleich zur Gesamtindustrie hat die Druckindustrie einen überdurchschnittlichen Anteil von *Betrieben* mit 1-9 (vgl. Tabelle 5) und auch von solchen mit 10-49 Beschäftigten. In den höheren Größenklassen ist die Druckindustrie relativ schwächer als im industriellen Durchschnitt vertreten. Die durch-

Tabelle 5
**Betriebsgrößenstruktur in der Druckindustrie und
in der Gesamtindustrie (Anteile in %; Stand: September 1976)**

Betriebe mit ... Beschäftigten	Druckindustrie	Gesamtindustrie
1 - 9	53,4	43,2
10 - 49	34,3	32,9
50 - 99	6,7	10,0
100 - 499	4,9	11,3
500 - 999	0,5	1,5
1000 und mehr	0,2	1,1
Insgesamt % absolut	100,0 6 760	100,0 91 115

Quelle: Statistisches Bundesamt, Fachserie 4, Reihe 5.2.

[1] Neuere Zahlen liegen noch nicht vor.
[2] Dies gilt für Unternehmen und Betriebe mit 10 und mehr Beschäftigten.

II. Unternehmensstruktur, Konzentration und Kooperation

schnittliche Zahl der Beschäftigten je Betrieb lag 1976 in der Druckindustrie bei 30, in der Gesamtindustrie bei 82. Die Betriebsgrößenstruktur der Druckindustrie ist also deutlich von kleineren Druckereien bestimmt. Über die Größenstruktur in den einzelnen Fachbereichen der Druckindustrie liegen keine Angaben vor. Der Umstand, daß die amtliche Produktionsstatistik zum 1.1.1977 umgestellt wurde, erlaubt aber Aussagen darüber, bei welchen Erzeugnissen bzw. Erzeugnisgruppen die kleineren Betriebe in der Druckindustrie von Bedeutung sind. Während nämlich bis zu diesem Zeitpunkt die „untere Abschneidegrenze" dieser Statistik bei Betrieben mit 10 und mehr Beschäftigten lag, wurde diese Grenze nach dem Stichtag auf 20 und mehr Beschäftigte angehoben. Für das Jahr 1976 liegen Produktionswerte nach beiden Abgrenzungen vor, deren Gegenüberstellung Aufschlüsse darüber vermittelt, bei welchen Erzeugnissen die Betriebe mit 10-19 Beschäftigten Bedeutung haben. Die Betriebe dieser Größenklasse hatten 1976 an allen Betrieben der Druckindustrie (mit 10 und mehr Beschäftigten) einen Anteil von 38,5 %. Bei den Beschäftigten belief sich der Anteil auf 9,0 %, beim Umsatz auf 7,1 %.

Deren Anteil am Produktionswert lag — wie Tabelle 6 ausweist — im Durchschnitt aller Druckerzeugnisse bei 7,5 %. Überproportionale Bedeutung kommt den oben definierten Kleinbetrieben nur bei den Geschäftspapieren (Formulare und verwandte Erzeugnisse sowie sonstige Geschäftspapiere) und bei der kleinsten Position, den Kunstdruckblättern, zu. Bei diesen Produkten werden häufiger nur relativ kleine Losgrößen erreicht, für deren Bearbeitung sich die kleinen Druckereien besonders eignen. Bei Zeitschriften und Büchern, die in der Regel hohe Auflagen erreichen und eine vergleichsweise kapitalintensive hochtechnisierte Produktion erfordern, ist dagegen ihre Bedeutung nur marginal.

In ihrem Bericht kommt auch die Monopolkommission[3] zu dem Ergebnis, daß die Druckerei- und Vervielfältigungsindustrie zu den Industriegruppen mit den niedrigsten Konzentrationskoeffizienten gehört.

Die Feststellung einer niedrigen Konzentration in der Druckindustrie kann jedoch nur in globaler Sicht aufrechterhalten werden; sie trifft für den Bereich der Verlagsdruckereien nicht zu. So stellt die Monopolkommission fest: „Nach den Angaben der Michelkommission und des Medienberichts 1974 herrscht ein beständiger Trend zur Konzentration bei den Zeitungsverlagen sowie bei den Ausgaben von Tageszeitungen"[4]. Ähnliche Tendenzen sind auch im Sektor Zeitschriften zu beobachten. Von den 1538 Verlagen, die 1975 Zeitungen und Zeitschriften verlegten, verfügten 405 (26,3 %) über eine eigene Druckerei. Der Umsatzanteil dieser Verlage mit eigener Druckerei lag aber bei 59,7 %. Angesichts

---

[3] Monopolkommission, Mehr Wettbewerb ist möglich, Hauptgutachten 1973/1975, Baden-Baden 1976. Diese Aussage wird im zweiten Hauptgutachten der Monopolkommission (1976/77) bestätigt.

[4] Monopolkommission, Fortschreitende Konzentration bei Großunternehmen, Zweites Hauptgutachten 1976/77, S. 399.

Tabelle 6

Bedeutung von Kleinbetrieben bei der Produktion von Druckerzeugnissen im Jahre 1976

Erzeugnis	Produktionswert (1000 DM) in Betrieben mit			Spalte 3 in % von Spalte 1
	10 und mehr Beschäftigten (1)	20 und mehr Beschäftigten (2)	10 bis 19 Beschäftigten (3)	(%)
Zeitungen	2 524 433	2 355 840	168 593	6,7
Zeitschriften	2 371 309	2 292 191	79 118	3,3
Formulare und verw. Erzeugnisse	2 103 434	1 822 667	280 767	13,3
Sonstige Geschäftspapiere	1 004 930	828 792	176 138	17,5
Werbematerial	2 804 884	2 623 155	181 729	6,5
Bücher	1 167 618	1 117 884	49 734	4,3
Verpackungsmaterial	861 400	808 470	52 930	6,1
Kunstdruckblätter	25 489	22 533	2 956	11,6
Kunstdruckkarten	87 093	81 303	5 790	6,6
Kalender	119 609	120 049	− 440[a]	°
Sonst. Druckerzeugn.	390 277	371 963	18 314	4,7
Druckerzeugnisse insgesamt	13 460 476	12 444 847	1 015 629	7,5

a) Der Produktionswert, der auf die Betriebe mit 20 und mehr Beschäftigten entfällt, ist höher als derjenige für Betriebe mit 10 und mehr Beschäftigten. Allerdings ist die Differenz gering; es kann vermutet werden, daß es sich um einen Fehler in der Statistik handelt.
Quelle: Statistisches Bundesamt, Fachserie D, Reihe 3 und Fachserie 4, Reihe 3.

des Trends zur Konzentration bei den Presseverlagen muß notwendigerweise auch eine steigende Konzentration bei den Verlagsdruckereien angenommen werden[5].

Den wenig konzentrierten Fachbereichen, in denen Klein- und Mittelbetriebe vorherrschen, wird seit Jahren der zwischenbetriebliche Verbund, die Kooperation, empfohlen, um den Firmen auf diese Weise die Vorteile größerer Unternehmen zu verschaffen.

---

[5] Die „Kommission zur Untersuchung der Wettbewerbsgleichheit von Presse, Funk/Fernsehen und Film" (Michelkommission) hat 1967 bereits festgestellt, daß die Beschaffung von Druckereikapazitäten für den Konzentrationsprozeß von Bedeutung ist. Vgl. Bundestagsdrucksache V/2120, S. 101.

Tabelle 7: **Einstellung der Druckindustrie zur zwischenbetrieblichen Kooperation**

(Anteile der Firmenantworten in %, gewichtet mit dem Umsatz)

Beschäftigtengrößenklasse	Zwischenbetriebliche Kooperation auf dem Gebiet															
	des Einkaufs				des Verkaufs				der Verwaltung				der Fertigung			
	wichtig		realisierbar		wichtig		realisierbar		wichtig		realisierbar		wichtig		realisierbar	
	ja	nein	ja	nein	ja	nein	ja	nein	ja	nein	ja	nein	ja	nein	ja	nein
bis 49 Beschäftigte	52	48	39	61	34	66	17	83	26	74	13	87	56	44	41	59
50 - 199 Beschäftigte	38	62	33	67	36	64	26	74	32	68	32	68	54	46	44	56
200 - 499 Beschäftigte	55	45	40	60	37	63	24	76	13	87	23	77	63	37	55	45
500 und mehr Beschäftigte	53	47	28	72	34	66	37	63	36	64	37	63	55	45	46	54
Befragte Firmen insgesamt	51	49	33	67	35	65	30	70	30	70	32	68	57	43	48	52

Quelle: BVD-Umfrage 1971.

Über die Einstellung der Druckindustrie zur zwischenbetrieblichen Kooperation gibt eine Sonderumfrage des Ifo-Instituts aus dem Jahre 1972 Auskunft[6]. Ganz allgemein kann zu den Ergebnissen gesagt werden, daß die Mehrzahl der Befragten der Kooperation wenig Bedeutung beimißt (vgl. Tabelle 7). Für wichtig wird sie von mehr als der Hälfte der Firmen auf dem Gebiet des Einkaufs und der Fertigung erachtet. Nur etwa jeweils ein Drittel der Befragten hält sie auf den Gebieten des Verkaufs und der Verwaltung für wichtig. Bei der Untergliederung der antwortenden Firmen nach Beschäftigtengrößenklassen zeigt sich keine signifikante Differenzierung der Antworten.

Hinsichtlich der Realisierbarkeit einer derartigen Kooperation zeigen sich die Firmen zudem sehr skeptisch. Nur etwa ein Drittel hält auf den Gebieten Einkauf, Verkauf und Verwaltung eine derartige Zusammenarbeit für durchführbar, wobei vor allem die kleineren Betriebe eine Kooperation nicht für praktikabel erachten. Im Bereich der Fertigung wird eine Zusammenarbeit nicht nur für wünschenswert, sondern auch bei fast der Hälfte der antwortenden Firmen für realisierbar gehalten.

Häufig praktiziert wird in der Druckindustrie die sogenannte Kollegenhilfe, d.h. die Weitergabe von Aufträgen oder Teilen davon an andere Druckereien. Dies geschieht vor allem dann, wenn die eigenen Kapazitäten ausgelastet sind oder Spezialarbeiten auf den eigenen Anlagen nicht ausgeführt werden können.

Dagegen hat die Druckindustrie von der Möglichkeit des sogenannten Mittelstandskartells (§ 5 b GWB) nur in drei Fällen, jeweils unter Beteiligung von Verlagen, Gebrauch gemacht.

---

[6] Das Ifo-Institut führt im Auftrag des Bundesverbandes Druck e.V. jährlich eine Sonderbefragung der Druckindustrie durch. Im folgenden werden diese Befragungen, die nicht veröffentlicht werden, als BVD-Umfrage unter Hinzufügung des Geschäftsjahres zitiert, auf das die jeweilige Befragung abgestellt war. Die Befragung erfolgt im Frühjahr des darauffolgenden Jahres. Zur Kooperation vgl. BVD-Umfrage 1971.

III. Veränderungen der Produktionsstruktur der Druckindustrie

1. Übersicht

Die Erzeugnisse der Druckindustrie sind in der Warengruppe 57 des „Systematischen Warenverzeichnisses für die Industriestatistik" systematisiert und definiert. Sie werden dort in zwei große Gruppen unterteilt:

– *Druckereierzeugnisse*
  Geschäftspapiere, Druckereierzeugnisse für Verpackungszwecke, Werbungsmaterial, Kalender, Bücher, Zeitungen, Zeitschriften, Kunstdruckblätter und -karten sowie sonstige Druckereierzeugnisse.

– *Lichtpaus- und verwandte Waren*
  Licht- und Photopausen, Druckplatten, zeichnerisch hergestellte Landkarten, Bauskizzen, Kleidermodelle o.ä sowie zum Absatz bestimmter Hand- und Maschinensatz.

Diese Abgrenzung der amtlichen Statistik kann heute nicht mehr als ganz zeitgemäß angesehen werden. Von den „Lichtpaus- und verwandten Waren" gehören lediglich „Druckplatten" (bessere Bezeichnung: Reproduktionen und Druckformen) und „zum Absatz bestimmter Hand- und Maschinensatz" (bessere Bezeichnung: Fremdsatz) zu den Druckereierzeugnissen. Dagegen spielen die übrigen Erzeugnisse dieser Gruppe entweder keine Rolle mehr (z.B. Kleidermodelle) oder ihre Produktion wird in der amtlichen Statistik nur zu einem Bruchteil erfaßt (z.B. Licht- und Photopausen).

Die Abgrenzung der Gruppe 57 zu anderen Warengruppen und damit zu anderen Branchen, vor allem zur papierverarbeitenden Industrie (Warengruppe 56), mutet teilweise willkürlich an: So werden beispielsweise Bild-, Abreiß- und Monatskalender zur Warengruppe 57, also zur Druckindustrie, gerechnet, Umsteck-, Termin- und Taschenkalender dagegen zur Gruppe 56 (Papierverarbeitung). Ähnliche Teilungen ergeben sich bei Etiketten und Einwicklern. Abgesehen von derartigen Fällen, in denen Druckerzeugnisse einer anderen Branche zugerechnet werden, darf nicht übersehen werden, daß auch andere typische Erzeugnisse der Papierverarbeitung, wie beispielsweise Faltschachteln, Tüten, Beutel (Gruppe 56 bzw. 58) überwiegend oder nahezu ausnahmslos bedruckt werden. Schließlich sei auch auf diejenigen Druckereien hingewiesen, die sich in der Hand von Behörden (Behördendruckereien), Firmen außerhalb der Druckerei-Industrie (Hausdruckereien; sie sind in Großunternehmen aller Wirtschaftsbereiche häufig vorhanden) und Instituten befinden. Damit wird deutlich, daß die von der Statistik ausgewiesenen Daten über die Produktion der Druckindustrie nicht die Gesamtheit der industriellen Druckproduktion umfassen.

2. Der Beitrag des Handwerks zur Druckproduktion

Ein beträchtlicher Teil der Druckproduktion wird außerhalb der Druckindustrie in Handwerksbetrieben erstellt. Im Jahre 1976[1] belief sich der Umsatz des Druckhandwerks auf 1,46 Mrd. DM (o. MWSt). Dem steht für dasselbe Jahr ein Umsatz der Druckindustrie[2] in Höhe von 17,2 Mrd. DM gegenüber. Die 3405 Unternehmen des Druckhandwerks beschäftigten 23 836 Arbeitnehmer (September 1976); die durchschnittliche Anzahl der Beschäftigten je Unternehmen betrug 7. Im Vergleich dazu lag die Zahl der Beschäftigten in der Druckindustrie[3] bei 201 707.

Insgesamt gesehen kann der Beitrag des Handwerks zur statistisch erfaßten Druckproduktion auf etwa die gleiche Größenordnung veranschlagt werden, wie ihn die Kleinstbetriebe der Druckindustrie mit weniger als 10 Beschäftigten erbringen, nämlich auf etwa 7 bis 8 %.

Die Handwerksbetriebe tätigen ihren Umsatz überwiegend mit der gewerblichen Wirtschaft (einschließlich sonstige Abnehmer); auf diese Abnehmergruppe entfiel 1976 82,8 %. Dagegen spielen Private Haushalte (9,5 %) und Öffentliche Auftraggeber (7,7 %) nur eine geringe Rolle als Kunden. Produktmäßig dürfte der Schwerpunkt der handwerklichen Produktion im Bereich der Geschäftspapiere liegen.

3. Entwicklung der Produktionsstruktur

Der Bruttoproduktionswert für die Gruppe „Druckereierzeugnisse" hat sich von 1968 bis 1976 von 6,8 Mrd. auf 13,5 Mrd. DM nominal annähernd verdoppelt. Dominierende Erzeugnisgruppen sind Zeitungen und Zeitschriften, Geschäftspapiere sowie Werbungsmaterial; auf diese drei Gruppen entfallen rund vier Fünftel des Produktionswertes. In den letzten zehn Jahren hielt sich die Veränderung der Produktionsstruktur bei Druckerei-Erzeugnissen in relativ engen Grenzen; der Anteil der einzelnen Erzeugnisgruppen variierte nur in einer Bandbreite von 1 bis 2 Prozentpunkten (vgl. Tabelle 8).

Etwa 85 % des Produktionswertes der Gruppe „Lichtpaus- und verwandte Waren" entfallen auf „Druckplatten". Zu Druckplatten zählt die Statistik „Klischees aus Kupfer und Zink, Photolithos, Prägeplatten, Galvanos, Holzschnitte

---

[1] Statistisches Bundesamt, Fachserie 4, Handwerkszählung 1977, Heft 2.

[2] Hauptbeteiligte Industriegruppe, alle Betriebe ab einem Beschäftigten, Septemberumsatz mal 12.

[3] Hauptbeteiligte Industriegruppe, alle Betriebe ab einem Beschäftigten.

3. Entwicklung der Produktionsstruktur 27

Tabelle 8: Entwicklung der Produktionsstruktur bei Druckerei-Erzeugnissen

Erzeugnisgruppe	Einheit	1968	1969	1970	1971	1972	1973	1974	1975	1976	1976a)	1977a)
Zeitungen und Zeitschriften	Mill.DM	2 390	2 762	3 189	3 362	3 672	3 938	4 163	4 420	4 896	4 648	5 272
	%	35,1	35,5	36,1	35,9	36,2	35,7	34,7	35,8	36,4	37,4	37,9
Geschäftspapiere	Mill.DM	1 690	1 889	2 198	2 284	2 425	2 654	3 006	2 967	3 108	2 651	2 841
	%	24,8	24,3	24,8	24,4	23,8	24,1	25,0	24,1	23,1	21,3	20,4
Werbungsmaterial	Mill.DM	1 321	1 555	1 756	1 896	2 067	2 321	2 487	2 537	2 805	2 623	3 041
	%	19,4	20,0	19,9	20,2	20,3	21,0	20,7	20,6	20,8	21,1	21,8
Bücher und Broschüren	Mill.DM	631	685	761	826	929	955	1 057	1 105	1 168	1 118	1 252
	%	9,3	8,8	8,6	8,8	9,1	8,7	8,8	9,0	8,7	9,0	9,0
Verpackungsmaterial (einschl. Weichpackungen)	Mill.DM	433	475	520	555	590	641	716	775	861	808	879
	%	6,4	6,1	5,9	5,9	5,8	5,8	6,0	6,3	6,4	6,5	6,3
Kunstdruckblätter und -karten	Mill.DM	121	130	119	120	119	109	113	111	113	104	137
	%	1,8	1,7	1,3	1,3	1,2	1,0	0,9	0,9	0,8	0,8	1,0
Kalender	Mill.DM	58	56	73	81	85	88	95	92	120	120	116
	%	0,9	0,7	0,8	0,8	0,8	0,8	0,8	0,7	0,9	0,9	0,8
Sonstige Druckerei-erzeugnisse	Mill.DM	160	226	230	253	286	318	368	326	390	372	389
	%	2,3	2,9	2,6	2,7	2,8	2,9	3,1	2,6	2,9	3,0	2,8
Druckereierzeugnisse insges.	Mill.DM	6 804	7 778	8 846	9 377	10 173	11 024	12 005	12 333	13 461	12 444	13 927
	%	100	100	100	100	100	100	100	100	100	100	100

a) Betriebe ab 20 Beschäftigte, sonst ab 10 Beschäftigte.
Quelle: Statistisches Bundesamt, Fachserie D, Reihe 3, und Fachserie 4, Reihe 3.

III. Veränderungen der Produktionsstruktur der Druckindustrie

Tabelle 9: Entwicklung der Produktionsstruktur bei Lichtpaus- und verwandten Waren

Erzeugnisgruppe	Einheit	1968	1969	1970	1971	1972	1973	1974	1975	1976	1976a)	1977a)
Licht- und Photopausen	Mill.DM	30,3	35,4	33,4	36,9	42,8	45,8	49,7	52,9	49,2	34,3	44,3
	%	.	.	6,0	6,4	6,6	6,2	6,7	7,4	5,8	4,4	4,9
Druckplatten	Mill.DM	392,7b)	464,0b)	499,0	503,6	571,1	636,5	638,5	595,3	720,6	665,6	778,7
	%	.	.	89,2	86,9	87,0	86,9	85,6	83,0	84,4	86,7	85,3
Zeichn. hergestellte Landkarten u.ä.	Mill.DM	3,9	5,4	6,1	6,6	8,1	7,3	7,3	5,7	6,9	4,3	8,0
	%	.	.	1,1	1,1	1,2	1,0	1,0	0,8	0,8	0,6	0,9
Hand- und Maschinensatz	Mill.DM	c)	c)	20,8	32,5	34,2	42,8	50,5	63,5	77,2	63,8	81,8
	%	.	.	3,7	5,6	5,2	5,9	6,7	8,8	9,0	8,3	8,9
Insgesamt	Mill.DM	.	.	559,3	579,6	656,6	732,4	746,1	717,4	853,8	768,0	912,7
	%	.	.	100	100	100	100	100	100	100	100	100

a) Betriebe ab 20 Beschäftigte, sonst ab 10 Beschäftigte. – b) Einschließlich Gummistempel. – c) Nicht ausgewiesen.
Quelle: Statistisches Bundesamt, Fachserie D, Reihe 3, und Fachserie 4, Reihe 3.

und Stereos"[4]. Der Anteil der „Druckplatten" an der gesamten Warengruppe war im Referenzzeitraum leicht rückläufig (vgl. Tabelle 9). Kräftig gewachsen ist dagegen die Bedeutung des Fremdsatzes (Hand- und Maschinensatz), dessen Anteil von 3,7 % (1970) auf 9 % (1976) anstieg.

Im folgenden wird nun auf die Produktionsentwicklung in den einzelnen Teilbereichen der Druckindustrie näher eingegangen. Die Betrachtung wird dabei auch auf reale Produktionswerte abgestellt. Als Deflatoren für die nominalen Produktionswerte, wie sie die amtliche Statistik ausweist, wurden die entsprechenden Erzeugerpreisindices verwendet. Deren Aussagefähigkeit wird allerdings von Fachleuten erheblich angezweifelt.

4. Produktionsentwicklung in den einzelnen Teilbereichen der Druckindustrie

a) Zeitungen

Aus der Pressestatistik[5] sind erstmals amtliche Angaben über wesentliche Strukturdaten der deutschen Presse (Zeitungen und Zeitschriften) verfügbar. Am Erhebungsstichtag (31.12.1976) wurden 1187 Zeitungen gezählt. „Als Zeitungen sind ... alle periodischen Veröffentlichungen zu betrachten, die in ihrem redaktionellen Teil der kontinuierlichen, aktuellen und thematisch nicht auf bestimmte Stoff- oder Lebensgebiete begrenzten Nachrichtenübermittlung dienen, also in der Regel mindestens die Sparten Politik, Wirtschaft, Zeitgeschehen, Kultur, Unterhaltung sowie Sport umfassen und im allgemeinen mindestens zweimal wöchentlich erscheinen. Die Sonntagszeitungen, die die Nachrichtenlücke eines Tages schließen, werden hier einbezogen."[6]

Von den 1187 Zeitungen wurden 374 als Hauptausgaben und 813 als mit diesen verbundene Neben-, Betriebs-, Lokal- und Stadtteilausgaben herausgegeben. Gedruckt wurden die Zeitungen überwiegend in verlagseigenen Druckereien: Von den 335 in Verlagen verlegten Hauptausgaben wurden dort 256, d.h. 76 %, gedruckt.

---

[4] Nach heutiger Terminologie würde man „Druckplatten" durch den Begriff Reprodruktionen und Druckformen ersetzen und dies als Sammelbezeichnung vor allem für Offsetrepros aus Kupfer und Zink sowie Lithos ansehen. Bis einschließlich 1974 gehörten hierher auch Erzeugnisse der Photo- und Filmlabors sowie Stempel und Siegel (jetzt in Warengruppe 39). Diese Erzeugnisse wurden wegen der erfolgten statistischen Umgruppierung nicht mehr berücksichtigt.

[5] Das Gesetz über eine Pressestatistik trat am 5. April 1975 in Kraft. Erhebungsbereich ist die Summe aller Unternehmen, die Zeitungen oder Zeitschriften verlegen. Dabei ist nicht wesentlich, ob diese Tätigkeit den wirtschaftlichen Schwerpunkt des Unternehmens ausmacht. Dadurch soll gewährleistet sein, daß der Objektbereich Zeitungen und Zeitschriften vollständig erfaßt wird. Bisher liegen die letzten Daten für das Jahr 1976 vor (Statistisches Bundesamt, Fachserie 11, Reihe 5).

[6] Statistisches Bundesamt, Fachserie 11, Reihe 5, 1976, S. 6.

Tabelle 10: **Entwicklung der Druckauflage[a) von Zeitungen**

(in Mill. Stück)

Art der Zeitung	1968	1969	1970	1971	1972	1973	1974	1975	1976	1977
Tageszeitungen	23,4	23,8	23,2	23,3	23,4	24,0	23,9	24,2	25,2	26,0
Wochenzeitungen b)	1,4	1,6	1,6	1,6	1,9	1,9	2,0	2,1	1,9	2,1
Zeitungen insgesamt	24,8	25,4	24,8	24,8	25,3	25,9	25,9	26,3	27,1	28,1

a) Der IVW angeschlossene Zeitungen; die Zahlen beziehen sich jeweils auf das IV. Quartal. Sie sind ermittelt aus der Summe der in diesem Quartal gedruckten Exemplare, dividiert durch die Anzahl der Erscheinungstage dieses Quartals. – b) Bis 1973 nur überregionale Wochenzeitungen, danach alle Wochenzeitungen.
Quelle: Informationsgemeinschaft zur Feststellung der Verbreitung von Werbeträgern (IVW).

4. Produktionsentwicklung in den einzelnen Teilbereichen

Das Produktionsvolumen im Zeitungsdruck wird vor allem von zwei Faktoren beeinflußt:
— der Gesamtauflage der Zeitungen,
— dem durchschnittlichen Umfang der einzelnen Zeitungen.

Die Druckauflage der Zeitungen hat sich im Referenzzeitraum leicht erhöht (vgl. Tabelle 10). Bezieht man die *verkaufte* Auflage — sie liegt etwa 10-12 % unter der *gedruckten* Auflage — auf die Zahl der Haushalte in der Bundesrepublik, so ergibt sich eine im Referenzzeitraum nahezu unveränderte Zahl von knapp unter einer Zeitung je Haushalt. Marktuntersuchungen haben ergeben, daß sich die Lesegewohnheiten beim Zeitunglesen nur sehr langfristig ändern. Die Erhöhung der Verkaufs- und damit auch der Druckauflage wurde also in erster Linie durch eine Erhöhung der Zahl der Haushalte („Trend zum Kleinhaushalt") und nicht so sehr durch eine Änderung der Lesegewohnheiten (Bezug einer steigenden Zahl von Zeitungen durch die Haushalte) ermöglicht[7].

Das Produktionsvolumen des Zeitungsdrucks wird aber auch durch die Umfangsveränderungen des „Durchschnittsexemplars" bestimmt. Grundsätzlich läßt sich eine Zeitung in den Textteil einerseits und den Anzeigenteil andererseits unterteilen. Im Durchschnitt aller Zeitungstitel in der Bundesrepublik betrug im Jahre 1976 der Anteil der Anzeigenseiten an der Gesamtseitenzahl bei den Hauptausgaben 38,5 % (vgl. Tabelle 11). Je höher die Auflage einer Zeitung, desto höher liegt sowohl die Gesamtseitenzahl[8] als auch der Anteil der Anzeigenseiten. Gewichtet man die Anteile der Anzeigenseiten in den einzelnen Auflageklassen mit der jeweiligen Verkaufsauflage[9], so ergibt sich — bezogen auf das gesamte Seitenvolumen der deutschen Zeitungen — ein Anteil des Anzeigenvolumens von 48,5 %. Nun werden von den Zeitungsverlagen neben den Hauptausgaben auch Neben-, Bezirks-, Lokal- und Stadtteilausgaben herausgegeben, in denen überdurchschnittliche Anteile auf Anzeigen entfallen (vgl. Tabelle 12).

---

[7] Hierfür spricht auch, daß es — anders als z.B. in Großbritannien und Schweden — trotz verschiedener Versuche nicht gelungen ist, den deutschen Zeitungsleser zum Kauf einer Morgen- *und* Abendzeitung zu bewegen.

[8] Die etwas geringere Gesamtseitenzahl in der obersten Auflagenklasse wird durch die auflagenstärkste deutsche Tageszeitung, die einen unterdurchschnittlichen Seitenumfang hat, determiniert.

[9] Hierzu wurde die Verkaufsauflage der Gesamtausgabe im 4. Quartal 1976 herangezogen.

Tabelle 11

Anteil der Anzeigenseiten an der Seitenzahl der durchschnittlichen Hauptausgabe im Jahre 1976

Verkaufsauflage bzw. Zeitungsart	Durchschn. Seitenzahl des Jahresstücks	Durchschn. Zahl der Anzeigenseiten des Jahresstücks	Anteil der Anzeigenseiten (%)
Verkaufsauflage			
unter 5 000	4 322	1 299	30,1
5 000 bis unter 10 000	5 750	1 792	31,2
10 000 bis unter 50 000	7 121	2 734	38,4
50 000 bis unter 125 000	7 762	3 381	43,6
125 000 bis unter 250 000	8 865	4 216	47,6
250 000 und mehr	8 333	4 583	55,0
Zeitungsart			
Abonnementszeitungen	6 573	2 528	38,5
Straßenverkaufszeitungen	4 889	1 889	38,6
Zeitungen insgesamt	6 492	2 497	38,5

Quelle: Eigene Berechnungen nach: Statistisches Bundesamt, Fachserie 11, Reihe 5.

Insgesamt entfallen nach den Ergebnissen der Pressestatistik (1976) 64 % des gesamten Zeitungsumsatzes auf Anzeigenerlöse, nur 36 % auf Vertriebserlöse. Daraus wird deutlich, daß die wirtschaftliche Situation der Zeitungen in erheblichem Maße vom Anzeigengeschäft abhängig ist. Nach Ermittlungen des Bundesverbandes der Zeitungsverleger sind für den Anzeigenumsatz vor allem die regionalen Anzeigen maßgeblich; auf sie entfallen (1976) 86,5 % des Anzeigenerlöses.

Dominierend sind bei den regionalen Anzeigen mit einem Anteil von 40 bis 50 % die „lokalen Geschäfts- und Empfehlungsanzeigen" mit weitem Abstand vor dem „Stellenmarkt und Vertretungen" (ca. 10 bis 20 %) und dem „Immobilien- und Wohnungsmarkt" (ca. 8 bis 10 %).

Dem Anzeigenvolumen kommt als Determinante der wirtschaftlichen Entwicklung, vor allem aber auch des Druckvolumens der Zeitungen also eine überragende Bedeutung zu. Bei der Werbung konkurriert die Zeitungsannonce noch mit einer Reihe anderer Werbemittel. Die Werbeausgaben insgesamt haben sich im Zeitraum 1968 bis 1977 nominal annähernd verdoppelt (vgl. Tabelle 13);

4. Produktionsentwicklung in den einzelnen Teilbereichen

Tabelle 12

Anteil der Anzeigenseiten an der Seitenzahl der durchschnittlichen Nebenausgabe im Jahre 1976

Verkaufsauflage bzw. Zeitungsart	Durchschn. Seitenzahl des Jahresstücks	Durchschn. Zahl der Anzeigenseiten des Jahresstücks	Anteil der Anzeigenseiten (%)
Verkaufsauflage			
unter 5 000	500	0	0
5 000 bis unter 10 000	1 000	429	42,9
10 000 bis unter 50 000	984	313	31,8
50 000 bis unter 125 000	1 370	601	43,9
125 000 bis unter 250 000	1 603	747	46,6
250 000 und mehr	658	384	58,4
Zeitungsart			
Abonnementszeitungen	1 377	613	44,5
Straßenverkaufszeitungen	630	296	47,0
Zeitungen insgesamt	1 353	603	44,6

Quelle: Eigene Berechnungen nach: Statistisches Bundesamt, Fachserie 11, Reihe 5.

dabei ist allerdings eine deutliche Stagnation in den Jahren 1972 bis 1975 festzustellen. Die Zeitungsanzeigen haben im betrachteten Zeitraum ihren Anteil von etwa einem Drittel am gesamten Werbeumsatz nicht nur halten, sondern tendenziell sogar erhöhen können: Die Zeitung hat als Werbeträger ihre Bedeutung trotz der Konkurrenz der elektronischen Medien also behalten. Allerdings ist hierbei zu berücksichtigen, daß bei Radio und Fernsehen in der Bundesrepublik die Werbezeit limitiert ist, so daß deren Anteil an den gesamten Werbeumsätzen gleichsam festgeschrieben ist.

Ein beachtlicher Teil des Anzeigengeschäfts der Zeitungen entfällt auf die sogenannten Anzeigenblätter[10], deren Markt sich in den letzten Jahren außerordentlich dynamisch entwickelt hat. Allein von Januar 1976 bis Januar 1977 wuchs nach Ermittlungen des Bundesverbandes Deutscher Zeitungsverleger e.V. (BDZV) bei derartigen Anzeigenblättern die Zahl der Titel von 250 auf 576. Im gleichen Zeitraum stieg die Auflage von 11,5 auf 20,7 Mill. Exemplare.

---

[10] Anzeigenblätter sind in gewisser Regelmäßigkeit erscheinende Druckwerke, die unaufgefordert und kostenlos den Haushalten zugestellt werden.

Tabelle 13: **Anteil der Werbemittel am Gesamt-Werbeumsatz**
(in %)

Werbemittel	1968	1969	1970	1971	1972	1973	1974	1975	1976	1977
Anzeigen in Zeitungen	32,8	33,7	32,6	35,1	35,5	36,5	35,3	36,1	37,8	37,2
Anzeigen in Zeitschriften	19,7	19,5	20,9	20,1	21,3	21,3	21,7	20,6	22,4	25,1
Adreßbuchwerbung	1,6	1,6	1,7	1,7	1,8	2,0	2,1	2,3	2,3	2,3
Hörfunkwerbung	2,0	2,1	2,2	2,1	2,2	2,5	2,5	2,3	2,0	2,2
Fernsehwerbung	7,1	7,2	6,8	7,3	7,1	8,0	8,0	9,0	8,1	7,4
Werbung in Filmtheatern	0,7	0,7	0,6	0,6	0,5	0,5	0,5	0,5	0,5	0,4
Anschlagwerbung	3,0	2,9	2,8	2,4	2,4	2,4	2,4	2,1	2,2	2,2
Werbedrucksachen	19,4	19,5	19,8	18,7	19,6	19,9	20,7	20,5	18,9	19,0
Sonst. Direktwerbung	13,7	12,8	12,6	12,0	9,6	6,9	6,8	6,6	5,8	5,2
Werbeumsatz insgesamt: Mill. DM	7 650	8 861	9 554	10 677	11 082	11 391	11 371	11 713	13 276	14 899
in %	100	100	100	100	100	100	100	100	100	100

Quelle: Zentralausschuß der Werbewirtschaft.

4. Produktionsentwicklung in den einzelnen Teilbereichen

Tabelle 14: Entwicklung der Produktion von Zeitungen

(Mill. DM)

Merkmal	1968a)	1969a)	1970	1971	1972	1973	1974	1975	1976	1976b)	1977b)
Produktion nominal											
insgesamt	·	·	1579,4	1702,7	1811,3	1926,5	2075,1	2316,2	2524,4	2355,8	2755,3
davon im:											
Hochdruck	·	·	1517,3	1639,9	1744,3	1849,7	1994,2	2136,9	2293,5	2137,0	2487,9
Flachdruck	·	·	50,7	53,4	60,8	71,5	73,8	169,4	219,9	207,6	253,6
Tiefdruck	·	·	11,4	9,4	6,2	5,3	7,1	9,9	11,1	11,2	13,8
Produktion realc)											
insgesamt	·	·	1579,4	1578,0	1623,1	1656,5	1603,6	1606,2	1689,7	1576,9	1761,7
davon im:											
Hochdruck	·	·	1517,3	1519,8	1563,0	1590,5	1541,1	1481,9	1535,1	1430,4	1590,7
Flachdruck	·	·	50,7	49,5	54,5	61,5	57,0	117,5	147,1	139,0	162,2
Tiefdruck	·	·	11,4	8,7	5,6	4,5	5,5	6,8	7,5	7,5	8,8
Anteil der Druckverfahren (%)											
Produktion insges.	·	·	100	100	100	100	100	100	100	100	100
davon im:											
Hochdruck	·	·	96,1	96,3	96,3	96,0	96,1	92,3	90,8	90,7	90,3
Flachdruck	·	·	3,2	3,1	3,4	3,7	3,6	7,3	8,7	8,8	9,2
Tiefdruck	·	·	0,7	0,6	0,3	0,3	0,3	0,4	0,5	0,5	0,5

a) Nicht getrennt ausgewiesen. – b) Betriebe ab 20 Beschäftigte, sonst ab 10 Beschäftigte. – c) Preisbereinigt mit dem Erzeugerpreisindex „Zeitungen und Zeitschriften". Dieser enthält aber keine Preisrepräsentanten für Zeitungen.
Quelle: Statistisches Bundesamt, Fachserie D, Reihe 3, und Fachserie 4, Reihe 3; eigene Berechnungen.

Das Gesamtwachstum der Druckproduktion von Zeitungen ist also von zwei Komponenten getragen worden: Einmal von Auflagensteigerungen, die im wesentlichen auf die Zunahme der Zahl der privaten Haushalte zurückzuführen sind. Zum anderen partizipierten die Zeitungen voll an den gestiegenen Werbeausgaben, wobei die letztgenannte Komponente vor allem zum Ende der Referenzperiode wirksam wurde. Im Zeitraum 1970 bis 1976 stieg die reale Druckproduktion von Zeitungen um rund 7 % (vgl. Tabelle 14); 1977 erhöhte sie sich gegenüber 1976 aber um 11,7 %. Dieser sprunghafte Anstieg ist nahezu ausschließlich auf gestiegene Werbeausgaben und das übrige Anzeigengeschäft zurückzuführen.

Bei der Druckproduktion von Zeitungen dominiert der Hochdruck. 1977 entfielen auf dieses Druckverfahren noch neun Zehntel des Produktionswertes. Allerdings hat der Hochdruck an den Flachdruck Marktanteile verloren, wobei vor allem das Jahr 1975 einen „Schwellencharakter" hatte: der Flachdruckanteil stieg von 3,6 auf 7,3 %. Hierin kommt die Umstellung eines Teils der Produktion des größten deutschen Zeitungsverlages vom Hochdruck auf Offsetdruck, der im Flachdruck in der Statistik subsumiert ist, zum Ausdruck.

b) Zeitschriften

„Als Zeitschriften im Sinne der Pressestatistik werden alle periodischen Druckwerke mit kontinuierlicher Stoffdarbietung angesehen, die mit der Absicht eines zeitlich unbegrenzten Erscheinens mindestens viermal jährlich herausgegeben werden, soweit sie keine Zeitungen sind. Hierzu zählen insbesondere Publikumszeitschriften, wissenschaftliche Zeitschriften, andere Fachzeitschriften, Zeitschriften der Vereine, Verbände, Körperschaften u.ä., überregionale, regionale oder lokale Wochenblätter, auch wenn sie die Bezeichnung ‚Zeitung' führen, sowie Anzeigenblätter[11], Kunden- und Kennziffernzeitschriften, unabhängig davon, ob sie unentgeltlich abgegeben werden oder nicht. Nicht als Zeitschriften gelten Partworks, Loseblattsammlungen von Gesetzen oder dgl., aus Remittenden aufgebundene Einzelbände von Zeitschriften, Warenverzeichnisse und -kataloge, Veranstaltungskalender oder Städteprogramme."[12]

Nach diesen Kriterien wurden von der Pressestatistik am 31.12.1976 in der Bundesrepublik 4704 Zeitschriften erfaßt, darunter waren:

    2,0 % Illustrierte, Magazine usw.
    1,1 % Zeitschriften für Frauen, Familie, Wohnen

---

[11] Man beachte den Unterschied: In der Pressestatistik gehören Anzeigenblätter zu den Zeitschriften. In der Produktionsstatistik sind sie unter der Warennummer 57 141 (Zeitungen) subsumiert. Beide Statistiken werden vom Statistischen Bundesamt herausgegeben.

[12] Statistisches Bundesamt, Fachserie 11, Reihe 5, Ausgabe 1976, S. 6.

23,0 % Fachzeitschriften mit überwiegend wissen-
schaftlichem Inhalt
22,9 % andere Fachzeitschriften.

Ihre Verkaufsauflage belief sich im 4. Quartal 1976 auf rund 127 Mill. Exemplare; weitere 80 Mill. wurden, z.B. als Kundenzeitschriften, Anzeigenblätter etc., unentgeltlich abgegeben.

Die 4704 Zeitschriftentitel wurden nach der Pressestatistik verlegt zu

4,1 % in Zeitungsverlagen
28,2 % in reinen Zeitschriftenverlagen
30,1 % in anderen Zeitschriftenverlagen
23,9 % in sonstigen Verlagen
10,4 % in Druckereien
3,3 % in sonstigen Unternehmen außerhalb
des Verlagsgewerbes.

Anders als bei den Zeitungen (vgl. Abschnitt 4.1) ist die verlegerische Palette bei Zeitschriften wesentlich breiter. Dies liegt hauptsächlich darin begründet, daß das Produkt „Zeitschrift" wesentlich vielfältiger und definitorisch weniger eindeutig abgrenzbar ist als das Produkt „Zeitung".

Gemessen an der Zahl der Titel dominiert mit einem Anteil von rund 46 % der Bereich „Fachzeitschriften". Dieser hohe Anteilswert weist auf die Bedeutung von Wissenschaft und Technik in der Bundesrepublik hin. Das Druckvolumen wird außer von der Titelzahl, noch von der Erscheinungshäufigkeit, dem durchschnittlichen Umfang der einzelnen Zeitschrift und schließlich von der Auflage bestimmt. Versucht man eine Aufteilung des Druckvolumens auf die einzelnen Zeitschriftenarten anhand der bedruckten Seiten[13], so zeigt sich eine eindeutige Dominanz der Publikumszeitschriften (vgl. Tabelle 15). Dies wird verständlich, wenn man berücksichtigt, daß z.B. eine Zeitschrift mit 52 Heften pro Jahr, mit durchschnittlich 200 Seiten pro Heft und einer Auflage von 1,5 Mill. Exemplaren bereits ein Druckvolumen von 15,6 Mrd. Seiten pro Jahr ergibt. Auf die 48 Zeitschriftentitel mit einer Auflage von über 500 000 Exemplaren entfallen denn auch fast zwei Drittel des — an der Seitenzahl gemessenen — Druckvolumens.

Die Zeitschriftenpresse ist — insgesamt gesehen — gekennzeichnet durch eine große Zahl von Verlagen mit geringen Umsätzen einerseits und wenigen großen Verlagen mit einem hohen Anteil am gesamten Zeitschriftenumsatz. Von den in der Pressestatistik ermittelten 1074 reinen Zeitschriftenverlagen hatten 614 (57,2 %) einen Umsatzanteil von nur 3,5 %. Die 6 größten Verlage vereinigten

---

[13] Dies ist nur näherungsweise möglich, da wegen der Geheimhaltungsbestimmungen die jeweiligen Druckauflagen der einzelnen Zeitschriften nicht ausgewiesen werden. Statt eines gewogenen Mittels der Druckauflage bei den einzelnen Zeitschriftenarten muß daher das einfache Mittel herangezogen werden.

Tabelle 15: Titel, Auflage und Art der verlegten Zeitschriften im Jahre 1976

Art der Zeitschrift	Zahl der Titel	Auflage (Mill.)a) insges.	darunter unentgeltl. abgegeben	Umfangb) des Jahrgangs (1000)	Anteil am Druckvolumenc) (%)	Anteil des Anzeigenumsatzes am Gesamtumsatz
Überregionale, regionale und lokale politische Wochenblätter	102	2,16	0,26	92	1,2	60,7
Konfessionelle Zeitschriften	288	8,70	0,84	128	2,4	10,1
Publikumszeitschriften	807	77,04	2,94	1062	62,7	40,1
Fachzeitschriften mit überwiegend wissenschaftlichem Inhalt	1083	6,54	1,87	866	3,2	48,5
Andere Fachzeitschriften	1078	13,67	2,94	818	6,4	62,8
Kundenzeitschriften	98	39,49	36,25	26	6,5	30,5
Zeitschriften der Verbände usw.	487	26,99	3,84	174	6,0	66,2
Amtliche Blätter	300	0,83	0,25	199	0,3	36,3
Anzeigenblätter und kostenlos verteilte kommunale Amtsblätter	342	26,72	26,65	212	10,3	99,1
Sonstige Zeitschriften	88	3,91	3,74	33	0,9	80,0
Mehrfachangaben	31	0,34	0,25	8	0,1	66,0
Zeitschriften insgesamt	4704	206,37	79,83	3618	100	47,3

a) Durchschnittliche Auflage pro Erscheinungstag im Jahr. – b) Seitenzahl aller Nummern im Kalenderjahr 1976 einschließlich Register. – c) Berechnet auf Basis des Produkts aus Auflage und Umfang des Jahrgangs. Dieses Vorgehen ist methodisch nicht ganz einwandfrei, da der gewogene Durchschnitt der Auflage je Zeitschriftenart anhand der vorliegenden Statistik nicht berechnet werden kann. Die ermittelte Aufteilung des Druckvolumens kann aber mindestens als grobe Annäherung an die tatsächliche Struktur gelten.

Quelle: Eigene Berechnungen nach Statistisches Bundesamt, Fachserie 11, Reihe 5.

hingegen 47,6 % des gesamten Umsatzes der reinen Zeitschriftenverlage auf sich. Die führenden Zeitschriftengroßverlage (Bauer, Burda, Gruner + Jahr, Springer) hatten 1977 einen Auflagenanteil[14] bei

Aktuellen Illustrierten (nur wöchentlich erscheinende Objekte)	von 100 %
Rundfunkprogrammzeitschriften (nur wöchentlich erscheinende Objekte)	von 92 %
Frauenzeitschriften (verschiedene Erscheinungsintervalle, Anteil ungewichtet)	von 43 %
Bunten Wochenblättern (Wochenendblätter)	von 69 %.

Vom gesamten Zeitschriftenumsatz des Jahres 1976 in Höhe von 5,6 Mrd. DM entfielen rund 47 % auf den Anzeigenumsatz. Sieht man vom Sonderfall der Anzeigenblätter ab, so leisten die Anzeigen vor allem bei den Fach- und Verbandszeitschriften sowie den politischen Wochenblättern einen überdurchschnittlichen Beitrag zum Umsatz.

Der Anteil der Zeitschriftenanzeigen am gesamten Werbeumsatz ist im Referenzzeitraum nahezu kontinuierlich gestiegen; 1968 belief er sich auf 19,7 %, 1977 bereits auf 25,1 %. Hierzu hat offensichtlich beigetragen, daß es mit Hilfe dieser Anzeigen möglich ist, ganz spezifische Zielgruppen anzusprechen.

Die Zeitschriftenauflagen sind im betrachteten Zeitraum 1968 bis 1977 kräftig gewachsen (vgl. Tabelle 16)[15], die Gesamtauflage hat sich in diesem Zeitraum um rund ein Viertel erhöht. Läßt man die Kundenzeitschriften außer Betracht — sie nehmen insofern eine Sonderstellung ein, als sie vom Handel gegen Entgelt bei Verlegern bezogen und kostenlos an Kunden weitergegeben werden —, so betrug die Auflagensteigerung der verbleibenden Zeitschriften sogar etwas mehr als ein Drittel. Ein Vergleich der Entwicklung der beiden Aggregate ,,Publikumszeitschriften" einerseits und ,,Fachzeitschriften" andererseits ist erschwert durch gelegentliche Änderungen bei der Zuordnung einzelner Objekte: Für 1976 wurde beispielsweise eine Autozeitschrift mit einer Auflage von über 4 Mill. Exemplaren den Publikumszeitschriften zugerechnet[16], wodurch sich ein scheinbarer kräftiger Rückgang bei der einen und ein entsprechender Anstieg bei der anderen Gruppe ergibt. Grundsätzlich bleibt daher festzustellen, daß beide Gruppen steigende Auflagenziffern aufweisen, wobei das Wachstum der Publikumszeitschriften stärker ist.

---

[14] Quelle: Bericht der Bundesregierung über die Lage von Presse und Rundfunk in der Bundesrepublik Deutschland (1978), Bundestagsdrucksache 8/2264, S. 29.
[15] Die Angaben der Pressestatistik und der IVW divergieren beträchtlich, da die IVW vor allem solche Zeitschriften erfaßt, deren Anzeigenteil wirtschaftlich relevant ist.
[16] Vgl. Bundestagsdrucksache 8/2264, S. 30.

III. Veränderungen der Produktionsstruktur der Druckindustrie

Tabelle 16: **Entwicklung der Druckauflage von Zeitschriften**
(jeweils IV. Quartal)

Jahr	Publikumszeitschriften Mill.Stck.	1967 = 100	Fachzeitschriften Mill.Stck.	1967 = 100	Kundenzeitschriften Mill.Stck.	1967 = 100	Zeitschriften insgesamt Mill.Stck.	1967 = 100
1967	61,2	100	20,6	100	17,3	100	99,1	100
1968	65,7	107,4	21,3	103,4	17,1	98,8	104,1	105,0
1969	68,4	111,8	22,7	110,2	17,2	99,4	108,3	109,3
1970	71,4	116,7	24,2	117,5	17,3	100,0	112,9	113,9
1971	74,9	122,4	24,7	119,9	17,4	100,6	117,0	118,1
1972	74,1	121,1	23,5	114,1	17,0	98,3	114,6	115,6
1973	82,5	134,8	24,6	119,4	16,8	97,1	123,9	125,0
1974	78,0	127,5	24,6	119,4	14,8	85,5	117,4	118,5
1975	81,9	133,8	23,5	114,1	15,0	86,7	120,4	121,5
1976	87,6	143,1	18,9	91,7	14,5	83,8	121,0	122,1
1977	89,6	146,4	19,9	96,6	13,7	79,2	123,2	124,3

Quelle: Informationsgemeinschaft zur Feststellung der Verbreitung von Werbeträgern (IVW).

Tabelle 17: **Entwicklung der Produktion von Zeitschriften**
(Mill. DM)

Merkmal	1968a)	1969a)	1970	1971	1972	1973	1974	1975	1976	1976b)	1977b)
Produktion nominal											
insgesamt	.	.	1609,4	1659,4	1860,5	2011,3	2087,7	2103,3	2371,3	2292,2	2516,9
davon im:											
Hochdruck	.	.	483,6	499,2	561,4	601,5	625,4	582,0	569,7	536,0	515,3
Flachdruck	.	.	123,1	141,3	172,5	205,2	234,2	286,3	356,7	346,4	441,1
Tiefdruck	.	.	1002,7	1018,9	1126,6	1204,6	1228,1	1235,0	1444,9	1409,8	1560,5
Produktion real(c)											
insgesamt	.	.	1609,4	1537,9	1667,1	1729,4	1613,3	1458,6	1587,2	1534,3	1609,3
davon im:											
Hochdruck	.	.	483,6	462,7	503,0	517,2	483,3	403,6	381,3	358,8	329,5
Flachdruck	.	.	123,1	130,9	154,6	176,4	180,9	198,6	238,7	231,9	282,0
Tiefdruck	.	.	1002,7	944,3	1009,5	1035,8	949,1	856,4	967,2	943,6	997,8
Anteil der Druckverfahren (%)											
Produktion insges.	.	.	100	100	100	100	100	100	100	100	100
davon im:											
Hochdruck	.	.	30,1	30,1	30,2	29,9	30,0	27,7	24,0	23,4	20,5
Flachdruck	.	.	7,6	8,5	9,3	10,2	11,2	13,6	15,0	15,1	17,5
Tiefdruck	.	.	63,3	61,4	60,5	59,9	58,8	58,7	61,0	61,5	62,0

a) Nicht getrennt ausgewiesen. – b) Betriebe ab 20 Beschäftigte, sonst ab 10 Beschäftigte. – c) Preisbereinigt mit dem Erzeugerpreisindex „Zeitungen und Zeitschriften". Dieser enthält keine Preisrepräsentanten für Zeitungen.
Quelle: Statistisches Bundesamt, Fachserie D, Reihe 3 und Fachserie 4, Reihe 3; eigene Berechnungen.

Bei der Betrachtung der Entwicklung der Druckproduktion von Zeitschriften (vgl. Tabelle 17), wie sie vom Statistischen Bundesamt veröffentlicht werden, zeigt sich für den Zeitraum 1970 bis 1977 ein nominales Wachstum von rund 56 %. Real dagegen stagniert die Produktion über die ganze Referenzperiode betrachtet. Die Entwicklung innerhalb der Periode verlief jedoch infolge konjunktureller Einflüsse stark diskontinuierlich. Der Beginn der siebziger Jahre (1971-1973) ist gekennzeichnet durch ein Produktionswachstum von 12 %. Die sich daran anschließende Periode (1973-1975) brachte kräftige Produktionseinbußen, die Druckproduktion ging um fast 16 % zurück. Bis zum Ende des Berichtszeitraums wurde dann das Niveau des Jahres 1970 wieder erreicht. Die Produktion von Zeitschriften war vom konjunkturellen Einbruch Mitte der siebziger Jahre wesentlich stärker betroffen als diejenige von Zeitungen. Während die Gesamtauflage aller Zeitungen im Zeitraum 1970 bis 1977 ständig stieg oder zumindest stagnierte, hatten die Zeitschriften 1974 und teilweise auch noch 1975 kräftige Auflagenrückgänge zu verzeichnen. Außerdem dürften die Seitenumfänge bei Zeitschriften stärker reduziert worden sein als bei Zeitungen.

Rund drei Fünftel aller Zeitschriften werden im Tiefdruck hergestellt. Im Referenzzeitraum hat sich dieser Anteil nahezu konstant gehalten. Es sind vor allem die großen Publikumszeitschriften, die in diesem Verfahren gedruckt werden. Stärkere Verschiebungen haben sich aber zwischen den beiden übrigen Druckverfahren ergeben. Der Offsetdruck hat zu Lasten des Hochdrucks zehn Prozentpunkte hinzugewonnen.

c) Geschäftspapiere

aa) Formulare und verwandte Erzeugnisse

Die Gruppe der Geschäftspapiere ist in der amtlichen Statistik unterteilt in „Formulare und verwandte Erzeugnisse" (Anteil am Produktionswert der Produktgruppe 1976: rund zwei Drittel) einerseits und „Sonstige Geschäftspapiere" andererseits.

In der Untergruppe „Formulare und verwandte Erzeugnisse" bilden die Formulare die wichtigste Produktgruppe. Ihr Anteil an der gesamten Untergruppe ist allerdings nur näherungsweise abzuschätzen: Das Produktionsvolumen der Formulare dürfte 1976 bei etwa 1,6 bis 1,8 Mrd. DM gelegen haben. Marktuntersuchungen aus dem Jahre 1974 haben ergeben, daß auf Endlosformulare etwa 55 % des gesamten Formularmarktes entfallen. Einzelformularsätze und Klarschriftbelege bzw. Belegsätze machen weitere annähernd 40 % aus. Die Produktionsstatistik des Statistischen Bundesamtes erfaßt die Produktion von Formularen und verwandten Erzeugnissen jedoch nur unvollständig:

a) Vor allem die EDV-gerechten Papiere sind in der relevanten Melde-Nummer 5711 2[17] nur teilweise erfaßt. Da es sich hier häufig um Neuentwicklungen handelt, besteht bei den meldepflichtigen Betrieben teilweise Unklarheit über die richtige Zuordnung ihrer Produktion.

b) Eine erhebliche Zahl von Betrieben, die Formulare herstellen, liegt unterhalb der unteren Abschneidegrenze der amtlichen Statistik, also in einer Größenklasse, die nicht (bis 1976 alle Handwerksbetriebe) oder nicht mehr (ab 1976 alle Betriebe mit weniger als 20 Beschäftigten) zur amtlichen Statistik melden. Immerhin entfielen auf Industriebetriebe mit 10-19 Beschäftigten im Jahre 1976 mehr als 15 % des Produktionsvolumens von Formularen. Von den etwa 280 Endlos-Druckern (1974) waren 250 kleinere Betriebe mit einem Durchschnittsumsatz von 2,8 Mill. DM. Ihr Marktanteil wurde auf etwa 60 % geschätzt.

c) Ein wachsender Anteil der Druckleistungen – vor allem aus dem Bereich der Einzelformulare – wird in den Druckereien der öffentlichen Hand sowie den Hausdruckereien der gewerblichen Wirtschaft getätigt. Diese werden aber mit ihren Produktionsleistungen in der amtlichen Produktionsstatistik nicht erfaßt.

Die Produktionsentwicklung bei „Formularen und verwandten Erzeugnissen" zeigt Tabelle 18. Nach einem Höchststand im Jahre 1973 trat nach diesen Werten ein kräftiger Rückgang ein, erst ab 1976 zeigt sich dann wieder eine Erholung[18]. Untersuchungen der Firma Diebold[19] über die Entwicklung der „Formulartechnischen Informationsfläche von Endlosformularen" kommen zu einem Wachstum dieses Indikators im Zeitraum 1970 bis 1977 um 180 %. Hier haben sich also erhebliche Strukturänderungen von klassischen zu EDV-gerechten Formularen vollzogen.

Hauptnachfrager für den Formulardruck sind in der Bundesrepublik Industrie und Handel mit einem Anteil von 55 bis 60 %, auf Banken und Versicherungen entfällt gut ein Fünftel. Die öffentliche Verwaltung, wissenschaftliche Institutionen u.ä. nehmen etwa ein Achtel der Produktion ab.

---

[17] Der Bundesverband Druck e.V. bemüht sich in Zusammenarbeit mit dem Statistischen Bundesamt um einheitliche Richtlinien für die Zuordnung. Es ist zu vermuten, daß erhebliche Produktionsmengen entweder gar nicht oder in der Warenklasse 56 (Papierverarbeitung) gemeldet werden.

[18] Es hat den Anschein, als ob der Index der Erzeugerpreise für Geschäftspapiere die tatsächliche Preisentwicklung bei „Formularen und verwandten Erzeugnissen" nicht repräsentiert. Hierfür spricht, daß die zum Ifo-Konjunkturtest meldenden Firmen des Formulardrucks in den letzten Jahren häufiger über Preisrückgänge berichteten, während der Erzeugerpreisindex Preissteigerungen signalisierte. Ein Grund für diese Divergenz könnte sein, daß der für die Konstruktion des Preisindex herangezogene Warenkorb nicht repräsentativ für die tatsächliche Produktpalette ist.

[19] Europa Birkner Marketing Report, Band 2: Länderprofile, Hamburg 1979, S. 85.

Tabelle 18: **Entwicklung der Produktion von Formularen und verwandten Erzeugnissen**[a)]
(Mill. DM)

Merkmal	1968[b)]	1969[b)]	1970	1971	1972	1973	1974	1975	1976	1976[c)]	1977[c)]
Produktion nominal											
insgesamt	.	.	1584,6	1586,7	1669,2	1819,4	2101,0	2016,0	2103,4	1822,7	2012,0
davon im:											
Hochdruck	.	.	1345,7	1356,4	1406,9	1501,9	1697,9	1551,4	1536,9	1381,1	1430,9
Flachdruck	.	.	220,6	220,1	251,8	307,0	390,9	453,8	554,3	493,0	567,9
Tiefdruck	.	.	18,3	10,2	10,5	10,5	12,2	10,8	12,2	11,6	13,2
Produktion real[d)]											
insgesamt	.	.	1584,6	1466,5	1537,0	1646,5	1588,0	1336,9	1363,2	1181,2	1263,8
davon im:											
Hochdruck	.	.	1345,7	1253,6	1295,5	1359,2	1283,4	1028,8	996,0	854,2	898,8
Flachdruck	.	.	220,6	203,4	231,8	277,8	295,4	301,0	359,3	319,5	356,8
Tiefdruck	.	.	18,3	9,5	9,7	9,5	9,2	7,1	7,9	7,5	8,2
Anteil der Druckverfahren (%)											
Produktion insges.	.	.	100	100	100	100	100	100	100	100	100
davon im:											
Hochdruck	.	.	84,9	85,5	84,3	82,5	80,8	77,0	73,1	72,3	71,1
Flachdruck	.	.	13,9	13,9	15,1	16,9	18,6	22,5	26,3	27,1	28,2
Tiefdruck	.	.	1,2	0,6	0,6	0,6	0,6	0,5	0,6	0,6	0,7

a) Behörden- und allgemeine Formulare, Kartei- und Lochkarten, Kartei-, Scheck-, Wechsel-, Quittungs- und Endlosformulare, Urkunden, Policen, Diplome. – b) Nicht getrennt ausgewiesen. – c) Betriebe ab 20 Beschäftigte, sonst ab 10 Beschäftigte. – d) Preisbereinigt mit dem Erzeugerpreisindex „Geschäftspapiere".

Quelle: Statistisches Bundesamt, Fachserie D, Reihe 3 und Fachserie 4, Reihe 3; eigene Berechnungen.

In den übrigen Bereichen der Erzeugnisgruppe „Formulare und verwandte Erzeugnisse" haben sich ebenfalls strukturelle Änderungen ergeben. Hiervon waren beispielsweise die Lochkarten betroffen, deren Produktionsmenge von 60 000 t (1970) auf rund 22 000 t (1977) zurückging. Der Produktionswert ist für 1977 mit knapp 100 Mill. DM zu veranschlagen (1973: ca. 140 Mill. DM). Der stärkere Rückgang bei den Mengen beruht einmal auf Preissteigerungen, zum anderen aber auf Umschichtungen von Standardlochkarten zu höherwertigen Spezialerzeugnissen. Der Rückgang der Produktion von Standardlochkarten (Produktionswert 1973: ca. 100 Mill., 1977: ca. 35 Mill.) wurde durch das Vordringen neuer Techniken im Bereich der Datenerfassung und -ausgabe bewirkt. Die modernen Datenerfassungsstellen sind weitgehend mit magnetischen Datenträgern (Magnetband, Magnetplatten, Disketten u.ä.) ausgerüstet. Sie haben nämlich gegenüber der Lochkarte eine Reihe von Vorteilen, wie mehrfache Verwendbarkeit, größere Aufzeichnungsdichte sowie schnellere und einfachere Eingabe. Hinzu kommen die zunehmenden Möglichkeiten der Direkteingabe (Banken- und Kassenterminals).

Bei der Datenausgabe haben papierlose oder -sparende Techniken bei einigen größeren Anwendern Bedeutung erreicht, und zwar vor allem dort, wo Bildschirmterminals eingesetzt werden. Die Aufzeichnung von ausgegebenen Daten auf Mikrofilm (COM = Computer Output on Microfilm), die ebenfalls zu einer Verdrängung des Papiers führen kann, hat sich noch nicht spürbar ausgewirkt, da in der Bundesrepublik die Zahl derartiger Anlagen (1977: schätzungsweise 220) noch gering ist.

Diese Veränderungen bei der Datenausgabe werden aber nicht so sehr die Druckindustrie als vielmehr die Papierverarbeitung berühren, zu der die Herstellung von Tabellierpapier statistisch gerechnet wird. Von größerer Auswirkung auf die Nachfrage nach Druckleistungen sind dagegen die neuentwickelten Drucker, die nach dem Non-Impact-Verfahren auf Basis der Lasertechnik arbeiten. Diese Hochleistungsdrucker erreichen eine dem Offset ähnliche Qualität, wobei mit Hilfe von Maskeneinblendungen das Formblatt erzeugt wird.

Der Druck von Formularen erfolgt nach wie vor überwiegend im Hochdruck, dieses Druckverfahren hatte 1977 noch einen Anteil am gesamten Produktionswert von reichlich 70 %. Allerdings ist auch hier wie in anderen Bereichen der Druckindustrie das stetige Vordringen des Offsetdrucks unverkennbar, sein Anteil war 1977 bereits auf rund 28 % gestiegen.

bb) Sonstige Geschäftspapiere

Schwerpunkte dieser Warengruppe bilden Produkte, die der Kommunikation dienen, nämlich bedruckte Briefbogen, Postkarten, Briefumschläge, -hüllen und -taschen. Außerdem gehören hierzu Briefmarken, die aber — ebenso wie die anderen Produkte dieser Warengruppe[20] — nicht wesentlich ins Gewicht fallen. Die einzelnen Produkte dieser Warengruppe sind in der Statistik nicht gesondert ausgewiesen. Eine Vorstellung über das relevante Volumen vermittelt eine Übersicht über von der Bundespost beförderte Sendungen (vgl. Tabelle 19)[21].

Tabelle 19

Beförderte Briefe und Postkarten

(Mill. Stück)

Jahr	Briefe	Postkarten	Briefdrucksachen
1968	5 081,2	1 124,2	363,9
1969	5 290,0	1 096,2	437,7
1970	5 596,4	1 115,7	365,4
1971	6 147,7	1 148,3	351,0
1972	6 265,5	1 101,8	354,5
1973	6 155,7	953,3	353,5
1974	6 250,3	935,0	402,0
1975	6 100,1	939,4	410,1
1976	6 228,2	926,2	478,4
1977	6 457,1	932,0	507,8

Quelle: Bundesministerium für das Post- und Fernmeldewesen.

Demnach wurden 1977 annähernd 6,5 Mrd. Briefe registriert. Nach einer Untersuchung für das Jahr 1973[22] kamen 56,3 % der Briefe von Unternehmen und 14,8 % von Behörden. Diese rund 70 % aller beförderten Briefe sind mit Sicherheit auf bedruckten Briefbogen und überwiegend in bedruckten Briefumschlägen, -hüllen und -taschen versandt worden. Ähnliche Relationen können auch für Postkarten und Briefdrucksachen unterstellt werden[23]. Die Bedeutung des privaten Sektors ist mit einem Anteil von rund 22 % an den versandten Briefsendungen (knapp 7 % der Sendungen waren nicht zuzuordnen) gering, außerdem bedienen sich Privatleute nur zu einem Teil bedruckter Briefbögen.

---

[20] Fahrkarten und -scheine, Eintrittskarten, Rabatt- und Beitragsmarken, Wertpapiere, Banknoten, Lose u.ä.

[21] Die Zahlen beinhalten zwar auch die im Ausland aufgegebenen Sendungen, deren Anteil an den insgesamt beförderten Sendungen ist jedoch vernachlässigbar klein (1977: 5 %).

[22] Bundesministerium für das Post- und Fernmeldewesen (Hrsg.), Anlagenband 4 zum Telekommunikationsbericht, Bonn 1976, S. 196.

[23] Ebenda.

4. Produktionsentwicklung in den einzelnen Teilbereichen 47

Tabelle 20: Entwicklung der Produktion von sonstigen Geschäftspapieren[a]
(Mill. DM)

Merkmal	1968[b]	1969[b]	1970	1971	1972	1973	1974	1975	1976	1976[c]	1977[c]
Produktion nominal											
insgesamt	.	.	613,3	695,9	756,0	834,8	904,7	950,6	1004,9	828,8	829,4
davon im:											
Hochdruck	.	.	473,9	521,2	555,9	605,4	636,1	604,5	603,2	473,3	508,6
Flachdruck	.	.	101,6	136,7	157,2	185,4	217,1	288,2	331,9	288,2	247,4
Tiefdruck	.	.	37,8	38,0	42,9	44,0	51,5	57,9	69,8	67,3	73,4
Produktion real[d]											
insgesamt	.	.	613,3	643,1	696,2	755,5	683,8	630,3	651,3	537,1	521,0
davon im:											
Hochdruck	.	.	473,9	481,7	511,8	547,9	480,8	400,8	390,9	306,7	319,5
Flachdruck	.	.	101,6	126,4	144,8	167,8	164,1	191,1	215,1	186,8	155,4
Tiefdruck	.	.	37,8	35,0	39,6	39,8	38,9	38,4	45,3	43,6	46,1
Anteil der Druckverfahren (%)											
Produktion insges.	.	.	100	100	100	100	100	100	100	100	100
davon im:											
Hochdruck	.	.	77,3	74,9	73,5	72,5	70,3	63,6	60,0	57,1	61,3
Flachdruck	.	.	16,6	19,6	20,8	22,2	24,0	30,3	33,0	34,8	29,8
Tiefdruck	.	.	6,1	5,5	5,7	5,3	5,7	6,1	7,0	8,1	8,9

a) Briefbogen, Rechnungen, Postkarten (ohne Bildpostkarten), bedruckte Briefumschläge, -hüllen, -taschen, Fahrkarten und -scheine, Eintrittskarten, Brief-, Rabatt- und Beitragsmarken, Wertpapiere, Banknoten, Lose. – b) Nicht getrennt ausgewiesen. – c) Betriebe ab 20 Beschäftigte, sonst ab 10 Beschäftigte. – d) Preisbereinigt mit dem Erzeugerpreisindex „Geschäftspapiere".
Quelle: Statistisches Bundesamt, Fachserie D, Reihe 3 und Fachserie 4, Reihe 3; eigene Berechnungen.

Sowohl die Zahl der beförderten Briefe als auch der Briefdrucksachen weist im Referenzzeitraum steigende Tendenz auf. Dagegen hat die Zahl der beförderten Postkarten eher abgenommen. Die Erhöhung des Portos im Jahre 1974 dürfte dazu nur teilweise beigetragen haben; vielmehr dürften hier Änderungen der Schreibgewohnheiten maßgeblich sein.

Das reale Produktionsvolumen der „sonstigen Geschäftspapiere" erreichte 1973 seinen Höchststand (vgl. Tabelle 20). Die sich anschließende tendenzielle Verminderung ist nicht allein auf konjunkturelle Einflüsse zurückzuführen. Wesentlich bedeutsamer dürfte die steigende Verbreitung von Telefon und Telex sowie die Verlagerung eines Teils des Produktionsvolumens auf Hausdruckereien der gewerblichen Wirtschaft und Behördendruckereien sein.

Bei den Druckverfahren hat der Hochdruck mit noch reichlich drei Fünfteln im Jahre 1977 eine dominierende Rolle. Der Vorteil dieses Verfahrens — im allgemeinen kostengünstige Herstellung von einfachen und hinsichtlich Änderungen flexiblen Druckformen — hat dies vor allem bewirkt. Dennoch hat der Offsetdruck auch hier erhebliche Anteilsgewinne erzielt. Der Tiefdruck mit einem insgesamt etwa stabilen Anteil wird vornehmlich für die qualitativ hochwertigen Erzeugnisse wie Banknoten, Wertpapiere und Briefmarken eingesetzt.

d) Werbungsmaterial

Die Drucksparte „Werbungsmaterial" umfaßt den Druck von Plakaten, Katalogen, Prospekten, Preislisten, Jubiläumsschriften, Werbemarken und Serienbildern. Bestimmend für das Produktionsvolumen dieser Sparte sind vor allem drei Sektoren der Werbung: Anschlagwerbung, Kataloge und sonstige Werbedrucksachen.

Anschlagwerbung

Die Anschlagwerbung hat im Referenzzeitraum 1968 bis 1977 ihren Anteil am Gesamtwerbeumsatz nicht ganz halten können; er ging von 3,0 auf 2,2 % zurück. Es hat jedoch den Anschein, als ob sich in jüngster Zeit eine gewisse Renaissance des Plakats abzeichnete. Dies drückt sich auch in einer Ausweitung der beworbenen Produkte und der werbenden Branchen aus. Während beispielsweise 1972 mit Großflächen nur 20 bis 30 Produkte beworben wurden, waren es 1977 über 150. Zu den traditionellen Genußmitteln und Konsumgütern sind technische Haushaltsgüter, wie z.B. Farbfernsehgeräte, Personenkraftwagen aber auch der Dienstleistungsbereich (z.B. Verlage) getreten.

Im Jahre 1978 gab es in der Bundesrepublik rund 115 000 Großflächen, 11 500 Ganzstellen[24], 74 000 allgemeine Anschlagstellen und über 3100 Klein-

---

[24] „Litfaßsäulen".

tafeln für die Plakatwerbung[25]. Gemessen am Werbeumsatz (ohne Produktionskosten) haben die Großflächen (einschl. Spezialstellen und Kleintafeln) die größte Bedeutung, ihr Anteil beträgt rund 50 %. Dagegen entfallen auf die klassische Litfaßsäule nur 10 %.

Kataloge

Wesentliche Bedeutung für die Druckindustrie haben die Kataloge des Versandhandels. Man schätzt ihre jährliche Gesamtauflage auf etwa 100 Mill. Einzelne Kataloge erreichen Seitenzahlen von über 1000; die Auflagen der beiden bedeutendsten Kataloge betragen 8 Mill. (Quelle) bzw. 5 Mill. (Neckermann), und dies jeweils zweimal pro Jahr. Je nach Auflage und Ausstattung kostet die Herstellung eines Katalogexemplars, in dem ca. 40 000 Artikelpositionen angeboten werden, bis zu 20 DM. Allein mit der Herstellung des Quelle-Katalogs sind acht bis zehn Druckereien, davon eine in Italien, vier Wochen beschäftigt.

Ein weiterer Schwerpunkt des Kataloggeschäfts sind die Reisekataloge, die von den Großunternehmen der Touristik mit hohen Auflagen herausgegeben werden.

Die Kataloge und Preislisten der übrigen gewerblichen Wirtschaft sind zwar nicht zu vernachlässigen, sie dürften jedoch wegen der geringen Auflage und des meist geringen Umfangs nur einen relativ geringen Anteil am Produktionsvolumen des Werbungsmaterials haben. Zudem werden sie teilweise in den Hausdruckereien hergestellt.

Sonstige Werbedrucksachen

Nach einer Untersuchung[26], die im Herbst 1976 durchgeführt wurde, erhielt damals jeder Privathaushalt in der Bundesrepublik pro Werktag eine Massen-Werbedrucksache. Etwa die Hälfte aller Massen-Werbedrucksachen werden in Form von Zeitungs- und Zeitschriftenbeilagen zugestellt; die Verteilung der übrigen erfolgte über die Post.

Der Anteil der Beilagen an den zugestellten Werbedrucksachen hat sich im Verlauf der letzten Jahre erhöht. Zusätzliches Gewicht innerhalb der Druckproduktion hat diese Werbeart auch dadurch gewonnen, daß die Qualität weiter gesteigert wurde, sie sind heute fast ausnahmslos vierfarbig bedruckt. Außerdem hat sich der durchschnittliche Seitenumfang je Prospekt erhöht.

Einen bedeutenden Faktor innerhalb der Direktwerbung stellt die gezielte Ansprache der Kunden über den postalischen Verteilungsweg dar. Dabei han-

---

[25] Jahrbuch der Werbung 1977/78, hrsg. vom Zentralausschuß der Werbewirtschaft e.V., Bonn 1978, S. 219.
[26] Infratest Forschung GmbH & Co. KG, Werbedrucksachen und ihre Empfänger, Untersuchung für den Bundesverband Druck e.V., München 1977.

delt es sich in erster Linie um Massendrucksachen und Wurfsendungen. Die *gezielte* Direktwerbung hat durch die neuentwickelten Systeme zur Textverarbeitung ständig an Bedeutung gewonnen (vgl. Tabelle 21). In den vier Computer-Pools der 25 Adressenverlage sind derzeit etwa 25 Mill. Adressen gespeichert, die nach den unterschiedlichen Zielgruppen aussortiert werden können[27].

Tabelle 21

**Beförderte Massendrucksachen und Wurfsendungen
in der Bundesrepublik Deutschland (Mill. Stück)**

Jahr	Massendrucksachen	Wurfsendungen
1968	1 397,9	223,9
1969	1 516,4	262,2
1970	1 543,9	279,8
1971	1 589,5	304,9
1972	1 498,0	211,2
1973	1 445,6	126,5
1974	1 441,1	89,2
1975	1 464,9	95,6
1976	1 617,8	208,1
1977	1 752,0	204,9

Quelle: Bundesministerium für das Post- und Fernmeldewesen.

Im Jahre 1977 wurden 1,75 Mrd. Massendrucksachen versandt, wobei der jahreszeitliche Schwerpunkt im Spätherbst liegt. Allein auf die Monate Oktober/November entfallen fast ein Viertel aller Aussendungen. Dabei geht nur ein Teil dieser Zustellungen an Privathaushalte. Nach Schätzungen von Fachleuten wird mindestens ein Drittel an gewerbliche Empfänger versandt.

Der Versand von Wurfsendungen ist tendenziell rückläufig. Mitte der siebziger Jahre zeigte sich ein konjunktureller Einbruch, der hier wesentlich deutlicher ausgeprägt ist als bei den Massendrucksachen. Hier wirkt offensichtlich auch noch eine strukturelle Komponente: Der Trend geht von der mehr ungezielten Wurfsendung zur gezielten Ansprache durch die Massendrucksache. Außerdem wird — vor allem zur gezielten Ansprache lokal begrenzter Kundenkreise (beispielsweise im Einzugsbereich eines Supermarktes) — die Möglichkeit genutzt, unadressierte Handzettel oder Prospekte durch private Unternehmen

---

[27] Robinson-Leben mit leerem Briefkasten lockt wenig, in: Handelsblatt, Nr. 209 vom 8.11.1978, S. 20.

Tabelle 22: Entwicklung der Produktion von Werbungsmaterial[a]
(Mill. DM)

Merkmal	1968	1969	1970	1971	1972	1973	1974	1975	1976	1976b)	1977b)
Produktion nominal											
insgesamt	1321,3	1554,8	1756,3	1896,2	2067,4	2321,1	2487,1	2536,9	2804,9	2623,2	3040,8
davon im:											
Hochdruck	503,7	592,7	586,8	599,2	611,0	654,4	686,4	582,0	609,3	530,7	538,1
Flachdruck	485,7	596,0	775,9	856,8	978,0	1115,7	1237,9	1338,7	1498,5	1398,9	1731,6
Tiefdruck	331,9	366,1	393,6	440,2	478,4	551,0	562,8	616,2	697,1	693,6	771,1
Produktion real[c)]											
insgesamt	1464,8	1670,1	1756,3	1785,5	1916,0	2046,8	1946,1	1834,4	1956,0	1829,3	2012,4
davon im:											
Hochdruck	558,4	636,7	586,8	564,3	566,3	577,1	537,1	420,9	424,9	370,1	356,1
Flachdruck	538,5	640,2	775,9	806,7	906,3	983,9	968,6	968,0	1045,0	975,5	1146,0
Tiefdruck	367,9	393,2	393,6	414,5	443,4	485,8	440,4	445,5	486,1	483,7	510,3
Anteil der Druckverfahren (%)											
Produktion insges.	100	100	100	100	100	100	100	100	100	100	100
davon im:											
Hochdruck	38,1	38,1	33,4	31,6	29,6	28,2	27,6	22,9	21,7	20,2	17,7
Flachdruck	36,8	38,3	44,2	45,2	47,3	48,1	49,8	52,8	53,4	53,3	57,0
Tiefdruck	25,1	23,6	22,4	23,2	23,1	23,7	22,6	24,3	24,9	26,5	25,3

a) Plakate, Kataloge, Prospekte, Preislisten, Jubiläumsschriften, Werbemarken und Serienbilder. – b) Betriebe ab 20 Beschäftigte, sonst ab 10 Beschäftigte. – c) Preisbereinigt mit dem Erzeugerpreisindex „Werbungsmaterial".
Quelle: Statistisches Bundesamt, Fachserie D, Reihe 3 und Fachserie 4, Reihe 3; eigene Berechnungen.

verteilen zu lassen, wobei die gestiegenen Postgebühren für Massendrucksachen und Wurfsendungen stimulierend auf diese Alternative gewirkt haben.

Hauptauftraggeber der Direktwerbung ist — gemessen am Umsatz der Direktwerbungsfirmen — die Industrie; auf sie entfielen 1977 rund 63 %. Weitere wichtige Kunden sind der Handel (rund 23 %) sowie Firmen des übrigen Dienstleistungsbereichs (knapp 14 %).

Im Zeitraum 1968 bis 1973 wuchs der reale Produktionswert von Werbungsmaterial um rund 40 %, d.h. um fast 7 % pro Jahr. Der sich anschließende konjunkturelle Einbruch war in dieser Sparte des Druckes vergleichsweise schwach ausgeprägt (vgl. Tabelle 22). 1977 wurde ein neuer Höchststand erreicht.

Der Tiefdruck hat beim Werbungsmaterial seinen Anteil von rund einem Viertel nahezu unverändert behalten. Dies ist in erster Linie auf die in hohen Auflagen erscheinenden, mit hervorragender Farb- und Bildqualität ausgestatteten Kataloge der Versandhäuser zurückzuführen. Seit 1969 hat der Offsetdruck den Hochdruck als bedeutendstes Druckverfahren auch hier abgelöst.

e) Bücher und Broschüren

Gemessen an den Titeln ist die Bundesrepublik Deutschland nach den USA und der UdSSR der drittgrößte Bücherproduzent der Welt (vgl. Tabelle 23). Jährlich erscheinen hier 40 000 bis 45 000 Buchtitel auf dem Markt[28], davon sind im langjährigen Durchschnitt etwa 80 % Erstauflagen, der Rest Neuauflagen. Die Verteilung der Titel auf einzelne Sachgebiete hat sich im Zeitablauf praktisch nicht verändert. 1977 entfielen auf die Gebiete „Schöne Literatur" 19,1 %, „Wirtschafts- und Sozialwissenschaften, Statistik" 7,4 %, „Recht, Verwaltung" 6,4 % und „Schulbücher" 6,0 %; alle anderen Sachgebiete hatten einen Anteil unter 6 %. Etwa jeder achte Titel, der auf den deutschen Markt kommt, ist eine Übersetzung aus einer anderen Sprache, wobei allein auf die beiden Herkunftssprachen Englisch (64,4 %) und Französisch (13,7 %) fast vier Fünftel entfallen (vgl. Tabelle 24). In den Jahren 1972/73 — für diesen Zeitraum stehen Vergleichszahlen zur Verfügung — standen 9087 ins Deutsche übersetzte produzierte Titel 7079 Übersetzungen deutscher Titel in fremde Sprachen gegenüber.

Im Jahre 1977 erschienen 39 026 Titel (ohne solche, die im Selbstverlag erschienen sind oder von Behörden, Instituten, Gesellschaften und Verbänden veröffentlicht wurden) in der Bundesrepublik. Daran waren 2084 Verlage beteiligt. Dabei zeigt sich eine starke Konzentration auf die großen Unternehmen: 3,1 % der Verlage (jeweils über 100 veröffentlichte Titel) produzierten 50,5 %

---

[28] Unter dem Blickwinkel der Druckleistung sagt diese Zahl wenig aus, da hierzu eine Gewichtung mit der Druckauflage erforderlich wäre. Darüber liegen aber Zahlenangaben nicht vor.

4. Produktionsentwicklung in den einzelnen Teilbereichen

Tabelle 23
Internationale Buchtitelproduktion 1974

Land[a]	Zahl der Titel[b]	Vergleich zur Bundesrepublik (= 100)
USA	81 023	168,7
UdSSR	80 196[c]	167,0
Bundesrepublik	48 034	100
Japan	32 378	67,4
Großbritannien	32 133	66,9
Frankreich	26 247	54,6
Spanien	24 085	50,1
Jugoslawien	13 063	27,2
Indien	11 647	24,2
Niederlande	11 440	23,8
Rumänien	11 258	23,4
Polen	10 749	22,4

a) Länder mit über 10 000 Titeln. – b) Titel mit mehr als 4 Seiten; ohne Karten, Kalender und Almanache. – c) 1973.
Quelle: Börsenverein des Deutschen Buchhandels e.V. (Hrsg.), Buch und Buchhandel in Zahlen, Ausgabe 1978, Frankfurt 1978.

der Titel; dagegen erschienen in 60,9 % der Verlage (jeweils mit 5 oder weniger veröffentlichten Titeln) nur 6,4 % aller Titel. Die bedeutendsten Verlagsorte sind – in der Rangfolge ihrer Bedeutung – München, Stuttgart, Frankfurt, Berlin, Hamburg und Köln.

Eine wesentliche Bedeutung beim Vertrieb der Bücher kommt den Buchgemeinschaften zu. Davon gibt es in der Bundesrepublik derzeit etwa 15; ihr Mitgliederbestand ist mit etwa 6,5 Mill. zu veranschlagen. Den weitaus größten Teil davon erfassen die Buchgemeinschaften zweier Konzerne. Auf die drei Buchgemeinschaften des größten Konzerns (Bertelsmann) entfallen dabei in der Bundesrepublik etwa 4,4 Mill. Mitglieder[29]. Diese Verlagsgruppe führt denn auch die Umsatzrangliste der deutschen Buchverlage an. Daß die deutschen Buchverlage auch im internationalen Vergleich beachtliche Größen erreichen, zeigt die Tatsache, daß unter den zehn umsatzstärksten Verlagen Europas 1974 drei deutsche Verlage waren. Einige der großen Verlage verfügen über eigene bzw. verbundene Druckereien, ein Großteil der Titel wird an fremde Druckereien vergeben.

---

[29] Die Gesamtmitgliederzahl (einschl. Ausland) belief sich 1977 auf rund 8,2 Mill. Vgl. Bericht der Bundesregierung über die Lage von Presse und Rundfunk in der Bundesrepublik Deutschland (1978), Bundestagsdrucksache 8/2264, S. 55.

Tabelle 24

Struktur der Titelproduktion bei Büchern und Broschüren

Jahr	Produzierte Titel insges.	darunter (in %) Erstauflagen	Übersetzungen ins Deutsche	Taschenbücher
1968	32 352	84,4	9,2	4,8
1969	35 577	84,1	9,9	5,8
1970	47 096	82,2	11,7	8,4
1971	42 957	84,1	10,7	8,3
1972/73a)	93 498	85,2	9,7	7,4
1974	49 761	82,9	10,4	9,5
1975	43 649	81,3	10,6	11,4
1976	46 763	80,5	11,8	12,7
1977	48 736	80,1	12,1	13,0

a) Beide Jahre werden nur gemeinsam ausgewiesen.
Quelle: Börsenverein des Deutschen Buchhandels e.V. (Hrsg.), Buch und Buchhandel in Zahlen, Ausgabe 1978, Frankfurt 1978.

Einen nicht zu unterschätzenden Posten innerhalb der Buchproduktion stellen die Adreß- und Fernsprechbücher dar. Die rund 200 Verlage[30], die mit ihrer Herausgabe befaßt sind, geben fast 1500 verschiedene Bücher heraus, die durchweg hohe Auflagen erreichen. So verzeichneten allein die Branchen-Fernsprechbücher zum amtlichen Fernsprechbuch (GELBE SEITEN) 1978 eine Gesamtauflage von 13 Mill. Exemplaren.

Die Produktion von Büchern (vgl. Tabelle 25) erreichte 1972 ihren Höhepunkt, sie war von 1968 bis 1973 real um rund 15 % gestiegen. 1975/76 zeigte sich dann ein deutlicher — in erster Linie konjunkturell bestimmter — Einbruch Das reale Produktionsniveau des Jahres 1977 dürfte dann wieder das bisherige Spitzenergebnis des Jahres 1972 erreicht haben. Der Vergleich der Produktionswerte von Büchern wird dadurch erschwert, daß durch zunehmende Papierbeistellungen der Verlage und die Vergabe früher selbst durchgeführter Buchbindearbeiten die „Buchproduktion" gewissen inhaltlichen Änderungen unterworfen ist. Außerdem schlagen sich Änderungen in der Ausstattung wie dünneres Papier und die Wahl eines kompakteren Satzspiegels mit mehr Anschlägen je Seite nieder.

Die konjunkturellen Einflüsse auf die Buchproduktion dürften vor allem von eingeschränkten Etats für Bücherkäufe bei Unternehmen, Bibliotheken, Univer-

---

[30] Mitgliederzahl des Verbandes Deutscher Adreßbuchverleger, der etwa 95 % der entsprechenden Verlage auf sich vereint. Vgl.: Adreßbücher als Werbemedien, in ZV + ZV 1977, 17-18, S. 696 ff.

Tabelle 25: **Entwicklung der Produktion von Büchern**
(Mill. DM)

Merkmal	1968	1969	1970	1971	1972	1973	1974	1975	1976	1976a)	1977a)
Produktion nominal											
insgesamt	631,2	684,9	761,2	825,9	929,3	954,6	1056,6	1105,1	1167,6	1117,9	1252,1
davon im:											
Hochdruck	420,4	450,8	459,0	453,6	443,3	439,5	467,7	455,6	422,1	387,1	397,5
Flachdruck	201,8	223,2	291,5	354,5	462,7	500,3	577,9	640,1	735,7	721,0	846,3
Tiefdruck	9,0	10,9	10,7	17,8	23,3	14,8	11,0	9,4	9,8	9,8	8,3
Produktion realb)											
insgesamt	711,7	746,1	761,2	764,7	815,9	795,5	792,1	752,3	765,2	732,6	786,5
davon im:											
Hochdruck	474,0	491,1	459,0	420,0	389,2	366,3	350,6	310,2	276,6	253,7	249,7
Flachdruck	227,6	243,1	291,5	328,2	406,2	416,9	433,3	435,7	482,2	472,5	531,6
Tiefdruck	10,1	11,9	10,7	16,5	20,5	12,3	8,2	6,4	6,4	6,4	5,2
Anteil der Druckverfahren (%)											
Produktion insges.	100	100	100	100	100	100	100	100	100	100	100
davon im:											
Hochdruck	66,6	65,8	60,3	54,9	47,7	46,0	44,3	41,2	36,2	34,6	31,8
Flachdruck	32,0	32,6	38,3	42,9	49,8	52,4	54,7	57,9	63,0	64,5	67,6
Tiefdruck	1,4	1,6	1,4	2,2	2,5	1,6	1,0	0,9	0,8	0,9	0,6

a) Betriebe ab 20 Beschäftigte , sonst ab 10 Beschäftigte. – b) Preisbereinigt mit dem Erzeugerpreisindex „Bücher".
Quelle: Statistisches Bundesamt, Fachserie D, Reihe 3 und Fachserie 4, Reihe 3; eigene Berechnungen.

sitäten etc. ausgehen. Marktuntersuchungen haben nämlich ergeben, daß der private Buchkäufer in nur geringem Maße in der Rezession mit Kaufzurückhaltung reagiert. Hierzu mag beitragen, daß im Gesamtetat der privaten Haushaltungen der Buchkauf nur eine relativ bescheidene Rolle spielt. So wurden von Vier-Personen-Arbeitnehmerhaushalten mit mittlerem Einkommen im Durchschnitt des Jahres 1977 monatlich DM 4,18 für Lehr-, Fach- und Schulbücher und DM 9,01 für sonstige Bücher ausgegeben; das sind nur rund 5,6 % aller Aufwendungen für Freizeitgüter (ohne Urlaub)[31].

Die Taschenbücher haben ihren Anteil an der Titelproduktion kräftig erhöhen können (vgl. Tabelle 24). Im Weihnachtsgeschäft 1975 war bereits jedes vierte verkaufte Buch ein Taschenbuch. Diese Buchart wird überwiegend im Offset-Druck[32] hergestellt.

Diese Strukturverschiebung kommt auch bei der Aufgliederung der Druckproduktion von Büchern nach den Druckverfahren zum Ausdruck. In der grafischen Industrie wird auch heute noch statt des Begriffs „Hochdruck" als Synonym der Ausdruck „Buchdruck" verwendet. Der Anteil des Hochdrucks hat sich aber in der Referenzperiode 1968 bis 1977 bei Büchern mehr als halbiert; auf den Flachdruck entfielen 1977 bereits mehr als zwei Drittel der gesamten Buchproduktion.

f) Druckerzeugnisse für Verpackungszwecke

Die Produktion von Druckerzeugnissen für Verpackungszwecke umfaßt nur einen geringen Teil des Verpackungsmarktes. 1977 wurde der Produktionswert der in der Bundesrepublik hergestellten Packmittel mit rund 18,8 Mrd. DM veranschlagt. Auf die Druckerzeugnisse für Verpackungszwecke entfielen knapp 880 Mill. DM, was einem Anteil von 4,7 % entspricht. Die amtliche Statistik ordnet der Druckindustrie lediglich die Herstellung von Weichpackungen, Einwicklern und bedruckten Etiketten ohne geprägte, gestanzte und gummierte Etiketten und ohne paraffinierte und Schmalrolleneinwickler zu. Die Abgrenzung dieser Produkte zu den in der Warengruppe 56 (Papierverarbeitung) erfaßten ist daher außerordentlich schwierig und in der Praxis der meldenden Betriebe häufig nicht „richtig" durchzuführen[33]. Zum Papier ist als Druckträger in steigendem Umfang auch der Kunststoff getreten.

---

[31] Zum Vergleich: Sport 11 %, Garten und Haustiere 9,8 %, Rundfunk und Fernsehen 19,3 %, Spiele 6,2 %.

[32] Auf modernen Rollenoffsetanlagen kann heute eine Auflage von 10 000 Taschenbüchern mit 200 Seiten in etwa fünf Stunden gedruckt werden; weitere vier Stunden sind auf einer vollautomatischen Klebebindestraße für die endgültige Fertigstellung erforderlich.

[33] Wenn beispielsweise ein Betrieb bedruckte Etiketten herstellt, die auch geprägt sind, liegt es praktisch im Ermessen des Betriebes, ob er diese in der Warengruppe 5635 40 oder der Gruppe 5711 7 anmeldet. Ähnliche Schwierigkeiten gibt es auch bei Einwicklern.

4. Produktionsentwicklung in den einzelnen Teilbereichen

Tabelle 26: **Entwicklung der Produktion von Druckerzeugnissen für Verpackungszwecke**

(Mill. DM)

Merkmal	1968	1969	1970	1971	1972	1973	1974	1975	1976	1976a)	1977a)
Produktion nominal											
insgesamt	433,3	475,1	520,1	555,3	589,8	640,5	715,6	775,0	861,4	808,5	878,8
davon im:											
Hochdruck	120,0	138,4	147,5	141,6	142,4	154,4	176,3	176,5	196,5	177,3	202,3
Flachdruck	286,9	307,6	332,8	364,9	395,0	429,8	479,8	445,8	497,5	465,1	507,2
Tiefdruck	26,4	29,1	39,8	48,8	52,4	56,3	59,5	152,7	167,4	166,1	169,3
Produktion real b)											
insgesamt	462,0	503,3	520,1	546,6	581,1	614,1	622,2	645,3	700,3	657,3	700,8
davon im:											
Hochdruck	128,0	146,7	147,5	139,6	140,3	148,0	153,3	146,9	159,7	144,2	161,3
Flachdruck	305,9	325,8	332,8	359,1	389,1	412,1	417,2	371,2	404,5	378,1	404,5
Tiefdruck	28,1	30,8	39,8	47,9	51,7	54,0	51,7	147,2	136,1	135,0	135,0
Anteil der Druckverfahren (%)											
Produktion insges.	100	100	100	100	100	100	100	100	100	100	100
davon im:											
Hochdruck	27,7	29,1	28,4	25,5	24,1	24,1	24,6	22,8	22,8	21,9	23,0
Flachdruck	66,2	64,7	64,0	65,7	67,0	67,1	67,0	57,5	57,8	57,5	57,7
Tiefdruck	6,1	6,2	7,6	8,8	8,9	8,8	8,4	19,7	19,4	20,5	19,3

a) Betriebe ab 20 Beschäftigte, sonst ab 10 Beschäftigte. — b) Preisbereinigt mit dem Erzeugerpreisindex „Druckereierzeugnisse für Verpackungszwecke".
Quelle: Statistisches Bundesamt, Fachserie D, Reihe 3 und Fachserie 4, Reihe 3; eigene Berechnungen.

Wichtigste Produktgruppe des Verpackungsdrucks sind die Etiketten. Davon werden in der Bundesrepublik jährlich schätzungsweise 50 Mrd. Stück produziert. Der Etikettendruck ist auf relativ wenig Firmen konzentriert. Haupteinsatzgebiete bedruckter Etiketten sind Spirituosen-, Wein- und Bierflaschen sowie Gläser und Konserven im Nahrungs- und Genußmittelbereich.

Auch Einwickler werden vornehmlich in diesem Inudstriezweig eingesetzt. Diese Verpackungen werden – mit Hilfe von Einwicklermaschinen – für das Einwickeln von beispielsweise Gebäck, Süßwaren etc. verwendet.

Weichpackungen – typisch hierfür sind die „weichen" Zigarettenpackungen – finden ebenfalls vornehmlich in der Nahrungs- und Genußmittelindustrie, aber auch in der Kosmetikindustrie (Seifen) Verwendung.

Die Abhängigkeit des Verpackungsdrucks als Zulieferer der genannten Branchen hat ihm ein kontinuierliches, auch von konjunkturellen Einbrüchen kaum berührtes Wachstum beschert. Der reale Produktionswert (vgl. Tabelle 26) stieg 1968 bis 1976 um 51,6 %, was einem durchschnittlichen jährlichen Wachstum von 5,3 % entspricht. Hinsichtlich der angewandten Druckverfahren sind nicht so einschneidende Änderungen erfolgt, wie in den anderen Bereichen der Druckindustrie. Es dominiert nach wie vor der Flachdruck, wobei im Verpackungsdruck auch der Tiefdruck[34], der Flexodruck (gehört zum Hochdruck) und – in geringerem Umfang – der Siebdruck eine gewichtige Rolle spielen.

g) Kunstdruckblätter und -karten

Innerhalb dieser Position finden sich die qualitativ hochwertigsten Produkte der Druckindustrie. Allerdings ist ihre Bedeutung rückläufig. Statistisch unterteilt wird sie in zwei Gruppen.

Auf wissenschaftliche Tafeln, Schulwandbilder, Kunstdruckblätter und Heiligenbilder entfielen 1977 18,6 % des gesamten Produktionswertes des Kunstdrucks. Die Produktion war im Referenzzeitraum rückläufig; der Produktionswert (real) verminderte sich 1970 bis 1976 um fast 60 % (vgl. Tabelle 27). Der Rückgang bei den Lehrmitteln dürfte auf das Vordringen neuer Unterrichtsmedien (z.B. Over-head-Projektoren) zurückzuführen sein. Bei Kunstdruckblättern besteht ein enger Zusammenhang mit Bildkalendern: So werden die Blätter beispielsweise von einigen Verlagen mit Datumleisten versehen, gebunden und dann als Kalender verkauft. Die verwendeten Druckverfahren haben sich in ihrer Bedeutung kaum geändert, wenn man von einer sprunghaften Verschiebung vom Tief- zum Flachdruck im Jahre 1976 absieht. Bei dem geringen Produktionsvolumen dieser Sparte des Kunstdrucks können für diese Verschiebungen technische Umstellungen einer einzigen größeren Firma ursächlich sein.

---

[34] Nicht erklärbar ist der sprunghafte Anstieg des Tiefdruckanteils im Jahre 1975. Entweder handelt es sich um die Umstellung einer bedeutenden Firma oder um die Änderung von Meldegepflogenheiten.

4. Produktionsentwicklung in den einzelnen Teilbereichen 59

Tabelle 27: **Entwicklung der Produktion von Kunstdruckblättern**[a)]

(Mill. DM)

Merkmal	1968[b)]	1969[b)]	1970	1971	1972	1973	1974	1975	1976	1976[c)]	1977[c)]
Produktion nominal											
insgesamt	.	.	43,3	37,0	33,2	30,8	30,6	26,7	25,5	22,5	25,5
davon im:											
Hochdruck	.	.	17,0	14,1	12,2	12,0	12,1	9,9	10,0	8,8	10,2
Flachdruck	.	.	20,4	16,1	13,4	12,8	12,5	12,7	13,6	12,1	12,8
Tiefdruck	.	.	5,9	6,8	7,6	6,0	6,0	4,1	1,9	1,6	2,5
Produktion real[d)]											
insgesamt	.	.	43,3	34,8	30,7	27,1	23,9	19,2	17,7	15,7	16,8
davon im											
Hochdruck	.	.	17,0	13,2	11,3	10,5	9,4	7,1	7,0	6,1	6,7
Flachdruck	.	.	20,4	15,2	12,4	11,3	9,8	9,1	9,4	8,5	8,4
Tiefdruck	.	.	5,9	6,4	7,0	5,3	4,7	3,0	1,3	1,1	1,7
Anteil der Druckverfahren (%)											
Produktion insges.	.	.	100	100	100	100	100	100	100	100	100
davon im:											
Hochdruck	.	.	39,2	38,0	36,7	38,9	39,4	37,2	39,3	39,2	40,4
Flachdruck	.	.	47,1	43,5	40,4	41,5	40,9	47,4	53,3	53,9	50,1
Tiefdruck	.	.	13,7	18,5	22,9	19,6	19,7	15,4	7,4	6,9	9,9

a) Wissenschaftliche Tafeln, Schulwandbilder, Kunstdruckblätter und Heiligenbilder. – b) Nicht getrennt ausgewiesen. – c) Betriebe ab 20 Beschäftigte, sonst ab 10 Beschäftigte. – d) Preisbereinigt mit dem Erzeugerpreisindex „Werbungsmaterial und Kalender".
Quelle: Statistisches Bundesamt, Fachserie D, Reihe 3 und Fachserie 4, Reihe 3; eigene Berechnungen.

Tabelle 28: **Entwicklung der Produktion von Kunstdruckkarten[a)]**
(Mill. DM)

Merkmal	1968b)	1969b)	1970	1971	1972	1973	1974	1975	1976	1976c)	1977c)
Produktion nominal											
insgesamt	•	•	75,6	83,1	86,2	78,7	82,2	84,1	87,1	81,3	111,2
davon im:											
Hochdruck	•	•	17,3	18,2	19,1	12,6	13,1	15,2	15,8	13,4	15,5
Flachdruck	•	•	34,3	39,3	41,2	38,5	39,8	40,6	43,3	41,9	61,5
Tiefdruck	•	•	24,0	25,6	25,9	27,6	29,2	28,3	28,0	26,0	34,2
Produktion reald)											
insgesamt	•	•	75,6	78,2	79,8	69,4	64,2	60,6	60,6	56,5	73,4
davon im:											
Hochdruck	•	•	17,3	17,1	17,7	11,1	10,3	10,9	11,0	9,4	10,2
Flachdruck	•	•	34,3	37,0	38,2	34,0	31,1	29,2	30,1	29,1	40,6
Tiefdruck	•	•	24,0	24,1	23,9	24,3	22,8	20,4	19,5	18,0	22,6
Anteil der Druckverfahren (%)											
Produktion insges.	•	•	100	100	100	100	100	100	100	100	100
davon im:											
Hochdruck	•	•	22,9	21,9	22,2	16,1	16,0	18,0	18,1	16,5	13,9
Flachdruck	•	•	45,4	47,2	47,8	48,9	48,5	48,3	49,7	51,5	55,4
Tiefdruck	•	•	31,7	30,9	30,0	35,0	35,5	33,7	32,2	32,0	30,7

a) Ansichts-, Bildpost- und Glückwunschkarten, Trauerkarten. – b) Nicht getrennt ausgewiesen. – c) Betriebe ab 20 Beschäftigte, sonst ab 10 Beschäftigte. – d) Preisbereinigt mit dem Erzeugerpreisindex „Werbungsmaterial und Kalender".
Quelle: Statistisches Bundesamt, Fachserie D, Reihe 3 und Fachserie 4, Reihe 3; eigene Berechnungen.

Die zweite Gruppe des Kunstdrucks mit einem Anteil am Produktionswert von 81,4 % (1977) umfaßt Ansichts-, Bildpost- und Glückwunschkarten sowie Trauerkarten. Die Produktion dieser Karten hat im Referenzzeitraum tendenziell stagniert (vgl. Tabelle 28), zeigt allerdings Mitte der siebziger Jahre einen konjunkturell bedingten tiefen Einbruch. Hier kann davon ausgegangen werden, daß der Markt weitgehend gesättigt ist. Die Zahl der jährlich versandten Weihnachts- und Neujahrskarten wird auf rund 60 Mill. Stück geschätzt; sie stellen damit einen beachtlichen Posten dieser Drucksparte dar, annähernd dürfte er knapp die Hälfte des gesamten Glückwunschkartenabsatzes ausmachen. Dieser Anteil ist aber im Lauf der Jahre zurückgegangen, viele Unternehmen sind offensichtlich der Bitte caritativer Organisationen gefolgt und haben statt Kartengrüßen an ihre Geschäftsfreunde die dazu erforderlichen Mittel gespendet. In der Bundesrepublik dürfte es noch etwa 25 Verleger von Glückwunschkarten geben; der Umsatz der Branche wird auf 150 bis 200 Mill. DM geschätzt. Nennenswerte Marktanteile befinden sich dabei in den Händen von Tochtergesellschaften ausländischer Firmen.

Bei den Druckverfahren hat der Flachdruck seinen Anteil zu Lasten der beiden anderen Verfahren leicht erhöhen können. Allerdings kann die „Koexistenz" der Verfahren am gleichen Produkt demonstriert werden; so werden von einem bedeutenden Hersteller die Bildseite im Vierfarben-Bogenoffset und die Anschriftseite im Hochdruck hergestellt.

h) Kalender

Zum Bereich der Druckindustrie werden nur Bild-, Abreiß- und Monatskalender gezählt. Die Verbindung zum Sektor „Kunstdruck" ist eng[35]. Die Herausgabe dieser Kalender erfolgt durch eine Vielzahl verschiedener Institutionen, die von Großformen des Handels (Kundenkalender von Einkaufsketten etc.) über Industrieunternehmen bis zu Verlagen reicht. Unter den letztgenannten gibt es wenige, die sich auf Kalender spezialisiert haben, da dieses Geschäft naturgemäß sehr stark saisongebunden ist.

Ein großer Teil dieser Kalender dient als Werbegeschenk. Insgesamt handelt es sich um einen weitgehend gesättigten Markt. Die Produktion stagniert bei einem Volumen von (real) 75 bis 80 Mill. DM. Der allgemeine konjunkturelle Einbruch des Jahres 1975 hat sich – wegen der damit verbundenen Einsparungsmaßnahmen der werbenden Wirtschaft – auch deutlich in der Kalenderproduktion niedergeschlagen (vgl. Tabelle 29).

Seit 1969 hat der Flachdruck den Hochdruck als bedeutendstes Herstellungsverfahren abgelöst; auf ihn entfallen heute bereits mehr als zwei Drittel des Pro-

---

[35] Nach Auffassung von Fachleuten kommt es hier sogar häufiger zu „Fehlmeldungen" zur amtlichen Statistik, d.h. Druckleistungen, die eigentlich in den Bereich „Kalender" gehören, werden zum „Kunstdruck" gemeldet und umgekehrt.

III. Veränderungen der Produktionsstruktur der Druckindustrie

Tabelle 29: Entwicklung der Produktion von Kalendern[a]
(Mill. DM)

Merkmal	1968	1969	1970	1971	1972	1973	1974	1975	1976	1976b)	1977b)
Produktion nominal											
insgesamt	57,8	55,6	73,1	80,6	85,4	87,5	94,5	92,5	119,6	120,0	115,9
davon im:											
Hochdruck	25,4	23,0	22,9	20,3	20,4	16,3	17,5	16,5	19,8	19,6	23,6
Flachdruck	24,2	24,6	39,8	48,8	55,8	62,0	67,7	64,5	88,5	89,2	79,1
Tiefdruck	8,2	8,0	10,4	11,5	9,2	9,3	9,3	11,5	11,3	11,2	13,2
Produktion real[c]											
insgesamt	64,1	59,7	73,1	75,9	79,0	77,2	73,8	66,6	83,2	83,5	76,5
davon im:											
Hochdruck	28,2	24,7	22,9	19,1	18,9	14,4	13,7	11,9	13,8	13,6	15,6
Flachdruck	26,8	26,4	39,8	46,0	51,6	54,7	52,8	46,5	61,6	62,0	52,2
Tiefdruck	9,1	8,6	10,4	10,8	8,5	8,1	7,3	8,2	7,8	7,9	8,7
Anteil der Druckverfahren (%)											
Produktion insges.	100	100	100	100	100	100	100	100	100	100	100
davon im:											
Hochdruck	44,0	41,3	31,3	25,2	23,9	18,7	18,6	17,9	16,6	16,3	20,4
Flachdruck	41,8	44,3	54,5	60,5	65,4	70,8	71,6	69,8	74,0	74,3	68,2
Tiefdruck	14,2	14,4	14,2	14,3	10,7	10,5	9,8	12,3	9,4	9,4	11,4

a) Bild-, Abreiß- und Monatskalender, auch Kalenderrückwände. – b) Betriebe ab 20 Beschäftigte, sonst ab 10 Beschäftigte. – c) Preisbereinigt mit dem Erzeugerpreisindex „Werbungsmaterial und Kalender".
Quelle: Statistisches Bundesamt, Fachserie D, Reihe 3 und Fachserie 4, Reihe 3; eigene Berechnungen.

duktionsvolumens. Neben dem Offsetdruck haben hier auch der Siebdruck und der Lichtdruck, die statistisch ebenfalls zum Flachdruck gezählt werden, eine Bedeutung, insbesondere bei künstlerischen Drucken.

i) Sonstige Druckerzeugnisse

Die Gruppe „Sonstige Druckerzeugnisse" stellt ein statistisches Sammelbekken anderswo nicht erfaßter Produkte der Druckindustrie dar. Das Warenverzeichnis nennt hier ausdrücklich Modellier- und Bilderbogen, Spielkarten, Abziehbilder, Noten- und Liederbücher, Atlanten, Globen, Land- und Seekarten sowie Schießscheiben.

Kartenspiele, die der Spielkartensteuer unterliegen, werden in der Bundesrepublik von 6 Betrieben hergestellt (1968: 8 Betriebe). Das Produktionsvolumen hat sich im Referenzzeitraum kräftig erhöht: Die Zahl der versteuerten Kartenspiele stieg von 11,3 Mill. (1968) auf 19,7 Mill. (1977)[36] um 74 %. Etwa zwei Drittel davon sind Skatkarten. Auch die Produktion der nicht der Steuer unterliegenden Spiele (z.B. Quartett) dürfte sich kräftig erhöht haben.

Die Titelproduktion von *„Karten und Kartenwerken"* ist im Vergleich zu allen publizierten Buchtiteln überproportional gestiegen; ihr Anteil betrug beim Höchststand im Jahre 1976 6,1 %. Der Druckanteil dürfte dabei noch höher liegen, da — insbesondere bei Straßenkarten und Atlanten — hohe Auflagen erreicht werden. Insgesamt erschienen auf diesem Sachgebiet 1977 2150 Titel, davon knapp zwei Drittel Erstauflagen. Die beachtliche Ausweitung der Landkartenproduktion erklärt sich einmal daraus, daß Autoatlanten zur Standardausrüstung der Autofahrer gehören und zudem ein beliebtes Werbegeschenk darstellen. Da sich der Bestand von Kraftfahrzeugen in der Bundesrepublik kräftig erhöht hat, wuchsen auch die Absatzchancen für entsprechende Kartenwerke. Zum anderen sind auch Wanderkarten ein wichtiger Wachstumsträger.

Insgesamt stieg der reale Produktionswert der „Sonstigen Druckerzeugnisse" im Jahre 1968 bis zum bisherigen Höchststand 1974 um rund zwei Drittel (vgl. Tabelle 30). Nach einem vorwiegend wohl konjunkturell bedingten Rückgang zeichnet sich gegen Ende der Referenzperiode eine Stagnation ab, die in Teilbereichen auf gewisse Sättigungserscheinungen zurückzuführen sein dürfte.

Der Offsetdruck ist das mit Abstand dominierende Verfahren, auf ihn entfielen 1977 fast drei Viertel des Produktionswertes. Auch der Tiefdruck hat als zweitwichtigstes Druckverfahren noch eine beträchtliche Bedeutung. Starke kurzfristige Schwankungen bei den Anteilen der einzelnen Verfahren ergeben sich aus Großaufträgen sowie aus der Tatsache, daß diese Warengruppe als Sammelbecken für nicht eindeutig zuzuordnende Druckproduktionen von den Meldepflegenheiten der Betriebe besonders betroffen ist.

---

[36] Hinzu kommen 0,26 Mill. (1968) bzw. 1,02 Mill. (1977) Kartenspiele, die für Ausfuhrzwecke und Schiffbedarf bestimmt sind und daher unversteuert bleiben.

Tabelle 30: Entwicklung der Produktion von „Sonstigen Druckerzeugnissen"
(Mill. DM)

Merkmal	1968	1969	1970	1971	1972	1973	1974	1975	1976	1976a)	1977a)
Produktion nominal											
insgesamt	160,3	226,3	229,5	253,0	286,3	317,8	368,1	326,4	390,3	372,0	389,3
davon im:											
Hochdruck	34,7	44,8	34,9	38,4	38,5	45,4	47,6	40,7	42,4	36,8	39,0
Flachdruck	113,1	145,0	152,4	164,0	185,4	191,4	219,0	237,8	279,1	267,3	283,4
Tiefdruck	12,4	36,5	42,2	50,6	62,4	81,0	101,5	47,9	68,8	67,9	66,9
*Produktion real*b)											
insgesamt	170,3	235,2	229,5	236,3	260,5	277,3	281,9	225,4	261,0	248,8	249,5
davon im:											
Hochdruck	36,9	46,5	34,9	35,8	35,1	39,6	36,4	28,1	28,3	24,6	25,0
Flachdruck	120,2	150,7	152,4	153,2	168,7	167,0	167,7	164,2	186,7	178,8	181,7
Tiefdruck	13,2	38,0	42,2	47,3	56,7	70,7	77,8	33,1	46,0	45,4	42,8
Anteil der Druckverfahren (%)											
Produktion insges.	100	100	100	100	100	100	100	100	100	100	100
davon im:											
Hochdruck	21,7	19,8	15,2	15,2	13,5	14,3	12,9	12,5	10,9	9,9	10,0
Flachdruck	70,6	64,1	66,4	64,8	64,8	60,2	59,5	72,8	71,5	71,9	72,8
Tiefdruck	7,7	16,1	18,4	20,0	21,7	25,5	27,6	14,7	17,6	18,2	17,2

a) Betriebe ab 20 Beschäftigte, sonst ab 10 Beschäftigte. – b) Preisbereinigt mit dem Erzeugerpreisindex „Druckereierzeugnisse insgesamt".
Quelle: Statistisches Bundesamt, Fachserie D, Reihe 3 und Fachserie 4, Reihe 3; eigene Berechnungen.

IV. Außenhandel mit Druckerei-Erzeugnissen

1. Überblick

Insgesamt gesehen spielt der Außenhandel mit Druckerei-Erzeugnissen für die deutsche Volkswirtschaft nur eine geringe Rolle. Sein Anteil am gesamten deutschen Export betrug 1978 nur 0,75 %, am Import 0,35 %. Im Referenzzeitraum hat sich der Außenhandel mit Druckerei-Erzeugnissen kräftig ausgeweitet; die Ein- und Ausfuhren stiegen von 1968-1978 jeweils um 185 %. Der Außenhandelssaldo war stets positiv und erreichte 1978 rund 1,3 Mrd. DM (vgl. Abb. 2).

Stellt man die Betrachtung nicht auf nominale Werte ab, eliminiert also die im Beobachtungszeitraum eingetretenen Preissteigerungen, so ergibt sich naturgemäß ein wesentlich geringeres Wachstum. Real betrachtet wuchsen die Exporte um 59 %, die Einfuhren dagegen um 115 %. Der Index der Einfuhrpreise für Druckerei-Erzeugnisse stieg nämlich in der Referenzperiode um knapp ein Drittel (32,5 %); derjenige der Ausfuhrpreise aber um annähernd vier Fünftel (79,0 %). Der aus diesen Realgrößen ermittelte Außenhandelssaldo hat bis zum Jahre 1975 praktisch stagniert. Nach einer sprunghaften Erhöhung im Jahre 1976 hat es gegen Ende der Referenzperiode den Anschein, als ob sich der Saldo auf den Durchschnitt der frühen siebziger Jahre wieder zubewegte.

Aus statistischen Gründen können die Zahlen des Außenhandels mit Druckerei-Erzeugnissen nicht mit den entsprechenden Produktionswerten verglichen werden. In den Außenhandelswerten ist nämlich für die bedeutendsten Warengruppen (z.B. Bücher, Zeitungen und Zeitschriften) der verlegerische Anteil mit enthalten, während er bei der Produktion nicht mit erfaßt ist. Der verlegerische Anteil ist aber ein recht bedeutender Posten, nach einer Faustformel dürfte er mit etwa zwei Dritteln des Aus- bzw. Einfuhrwertes der entsprechenden Erzeugnisse zu veranschlagen sein. Die in Tabelle 31 dargestellte Beziehung soll nur eine grobe Vorstellung von der Relation Produktion : Außenhandel geben; aus ihr wird deutlich, daß der Außenhandel für die Druckerei-Industrie nur eine relativ bescheidene Rolle spielt.

IV. Außenhandel mit Druckerei-Erzeugnissen

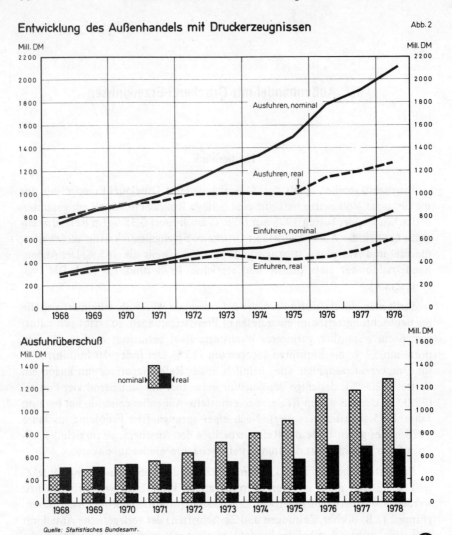

Entwicklung des Außenhandels mit Druckerzeugnissen — Abb. 2

Quelle: Statistisches Bundesamt.
IFO-INSTITUT für Wirtschaftsforschung München — 320/79

Tabelle 31

Produktion, Ein- und Ausfuhren von Druckerei-Erzeugnissen im Jahre 1977 (Mill. DM)

Umsatz[a]	15 636,2
Einfuhren	732,8
Ausfuhren	1 909,5

a) Betriebe ab 20 Beschäftigte.
Quelle: Statistisches Bundesamt.

2. Einfuhren

Die Entwicklung der Warenstruktur der Einfuhren von Druckerei-Erzeugnissen zeigt Tabelle 32. Die bedeutendste Position bilden die *Bücher und Broschüren*, deren Anteil an den gesamten Einfuhren im Referenzzeitraum zwar rückläufig ist, auf die aber immer noch mehr als zwei Fünftel aller deutschen Importe von Druckereierzeugnissen entfallen. Zum weitaus überwiegenden Teil handelt es sich dabei um im Ausland verlegte Bücher. Nicht enthalten in den Außenhandelszahlen sind die Autoren- und Verlagsrechte, die eine nicht unerhebliche Rolle spielen. Unter den Lieferländern dominiert das deutschsprachige Ausland: Allein auf Österreich (1977: 26,2 %) und die Schweiz (1977: 19 %) entfielen 1977 über 45 % der deutschen Buchimporte. In den Niederlanden (1977: 9,4 %) werden vor allem die deutschsprachigen Ausgaben großer internationaler Buchprojekte gedruckt.

Nach den Büchern sind *Bilder und Bilddrucke* die wichtigste Warengruppe bei den Einfuhren von Druckerzeugnissen. Diese Importe sind überproportional gestiegen. Fast zwei Drittel davon entfallen auf „Werbedrucke und -schriften, Verkaufskataloge". Dabei handelt es sich einmal um Werbedrucke, die von ausländischen Firmen oder Organisationen zur Werbung nach Deutschland geschickt werden (z.B. Reiseprospekte); zum anderen handelt es sich um Druckaufträge, die von deutschen Firmen ins Ausland vergeben werden. Dies gilt besonders für Italien, dem wichtigsten Lieferanten dieser Warengruppe, wo ein Teil der deutschen Versandhauskataloge gedruckt wird.

Die dritte bedeutende Warengruppe bei den importierten Druckerzeugnissen bilden die *Zeitungen und Zeitschriften*. Hierbei handelt es sich zu etwa einem Drittel um solche wissenschaftlichen oder fachlichen Inhalts und zu etwa zwei Dritteln um sonstige Zeitschriften. Der Anteil dieser Erzeugnisgruppe an den Einfuhren von Druckwerken ist im Zeitablauf konstant geblieben. Wichtigste Lieferländer sind die Niederlande (Anteil 1977: 20,8 %), Schweiz (18,0 %), Italien (17,8 %), Frankreich und Großbritannien (jeweils 10,3 %).

IV. Außenhandel mit Druckerei-Erzeugnissen

Tabelle 32: **Entwicklung der Warenstruktur der Einfuhren von Druckerei-Erzeugnissen**
(in %, auf Basis der Nominalwerte)

Warengruppe	1968	1969	1970	1971	1972	1973	1974	1975	1976	1977
Bücher und Broschüren a)	50,7	50,8	47,4	47,3	46,3	45,9	46,4	45,9	42,4	42,4
Zeitungen und Zeitschriften	11,7	12,5	13,5	12,4	13,4	13,9	12,1	11,7	12,6	12,6
Kartogr. Erzeugnisse	1,8	1,7	2,0	1,8	1,9	1,8	1,8	1,8	1,7	1,3
Abziehbilder	2,0	2,1	2,5	5,0	6,1	5,0	5,1	5,2	4,9	4,8
Postkarten	1,5	2,8	1,8	1,9	2,1	1,9	1,7	2,0	1,9	2,3
Kalender	1,3	1,0	1,5	1,3	1,6	1,6	1,5	1,7	1,7	1,7
Bilder, Bilddrucke u.ä.	19,7	19,6	22,0	20,5	19,1	19,2	21,2	21,6	23,7	24,1
Etiketten	4,2	4,2	4,2	4,1	4,2	4,7	4,7	4,2	4,2	3,7
Druckplatten und -zylinder	1,1	1,6	1,2	1,4	1,3	1,3	1,2	1,4	2,4	1,8
Übrige Druckerzeugnisse	6,0	3,7	3,9	4,3	4,0	4,7	4,3	4,5	4,5	5,2
Insgesamt	100	100	100	100	100	100	100	100	100	100

a) Einschließlich Bilderalben und -bücher.
Quelle: Statistisches Bundesamt, Fachserie G, Reihe 2.

3. Ausfuhren

Über vier Fünftel der deutschen Ausfuhren von Druckerei-Erzeugnissen entfallen etwa gleichgewichtig auf drei Erzeugnisgruppen (vgl. Tabelle 33). Die Exporte von *Büchern und Broschüren* waren im Referenzzeitraum strukturell rückläufig[1]. Fast alle Länder der Welt sind dabei Abnehmer deutscher Bücher. Allerdings gingen mehr als die Hälfte der deutschen Buchexporte in die deutschsprachigen Nachbarstaaten Schweiz und Österreich. Drittgrößter Kunde sind die USA (10,2 %). Zum weitaus überwiegenden Teil handelt es sich bei den Buchausfuhren um in der Bundesrepublik verlegte Werke.

Mit einem konstanten Anteil von etwa einem Viertel bilden die *Zeitungen und Zeitschriften* die zweite wichtige Warengruppe des deutschen Exports von Druckerei-Erzeugnissen. Dabei sind die Fachzeitschriften mit knapp 8 % wesentlich geringer vertreten als bei den Einfuhren (rund ein Drittel). Hier sind also vor allem die großen Publikumszeitschriften die Träger des deutschen Exports dieser Warengruppe; 1977 gingen denn auch fast die Hälfte dieser Ausfuhren in die Nachbarländer Österreich und Schweiz. Weitere 8 % wurden in den mindestens teilweise deutschsprachigen Staaten Belgien und Luxemburg abgesetzt.

Bilder und Bilddrucke haben ihren Anteil an den deutschen Exporten von Druckerzeugnissen kräftig ausgeweitet. 70 % davon entfielen auf Werbedrucke und -schriften. Diese Drucksachen stehen in engem Zusammenhang mit den Exportanstrengungen der deutschen Wirtschaft. Hauptabnehmer sind denn auch die wichtigsten Abnehmerländer deutscher Produkte Frankreich (37,5 %) und Niederlande (17,1 %).

In engem Zusammenhang mit den deutschen Exporten, vor allem mit solchen des Investitionsgüterbereichs, sind auch die Ausfuhren von *Bauplänen* zu sehen, die auf ihrem Höhepunkt im Jahre 1976 immerhin einen Anteil von 7,8 % am Gesamtexport von Druckerzeugnissen erreichten. Auf diese Warengruppe wirken insbesondere Einflüsse, die von Großprojekten ausgehen. So wurden von den gesamten „Blaupausenexporten" des Jahres 1976 in Höhe von 138 Mill. DM (75 t) 95 Mill. allein in die Sowjetunion geliefert. Der starke Rückgang im Jahre 1977 auf rund 61 Mill. DM ist nahezu ausschließlich auf die Fertigstellung einiger von der Bundesrepublik in der UdSSR errichteter Großanlagen zurückzuführen.

---

[1] Nominal haben sich im selben Zeitraum die Exporte dieser Erzeugnisse verdoppelt.

IV. Außenhandel mit Druckerei-Erzeugnissen

Tabelle 33: **Entwicklung der Warenstruktur der Ausfuhren von Druckerei-Erzeugnissen**
(in %, auf Basis der Nominalwerte)

Warengruppe	1968	1969	1970	1971	1972	1973	1974	1975	1976	1977
Bücher und Broschüren a)	38,8	36,5	35,5	34,4	35,9	33,7	33,0	32,0	28,8	28,9
Zeitungen und Zeitschriften	26,8	27,4	27,0	28,2	27,2	27,7	28,0	27,5	26,6	27,4
Kartogr. Erzeugnisse	1,2	1,2	1,1	0,9	1,0	0,8	0,8	0,7	0,6	0,8
Abziehbilder	1,5	1,5	1,5	1,5	1,5	1,4	1,8	2,3	2,1	2,2
Postkarten	3,4	3,4	2,9	2,5	2,2	1,8	1,6	1,2	1,1	1,3
Kalender	1,3	1,2	1,1	1,1	1,0	1,0	0,9	1,0	0,9	1,0
Bilder, Bilddrucke u.ä.	18,5	19,3	19,8	20,3	18,9	20,2	20,4	22,4	22,7	25,6
Etiketten	3,8	4,7	4,7	5,2	5,5	5,9	6,0	4,7	4,8	4,7
Druckplatten und -zylinder	0,7	0,7	0,7	0,7	0,8	0,7	0,9	1,0	0,9	1,0
Übrige Druckerzeugnisse	4,0	4,1	5,7	5,2	6,0	6,8	6,6	7,2	11,5	7,1
darunter: Baupläne	(1,0)	(1,4)	(2,6)	(1,9)	(2,5)	(2,4)	(2,4)	(3,4)	(7,8)	(3,2)
Insgesamt	100	100	100	100	100	100	100	100	100	100

a) Einschließlich Bilderalben und -bücher.
Quelle: Statistisches Bundesamt, Fachserie G, Reihe 2.

4. Innerdeutscher Handel

Der innerdeutsche Handel mit Druckerzeugnissen konzentriert sich im wesentlichen auf den Austausch von Büchern, Zeitungen und Zeitschriften (vgl. Tabelle 34). Sein Volumen ist zwar — nominal betrachtet — steigend, insgesamt jedoch ohne große Bedeutung. Die Abwicklung erfolgt über zwei verschiedene Wege: Das Clearing-Verfahren, bei dem mit Verrechnungseinheiten gearbeitet wird, erfolgt nahezu ausschließlich zwischen westdeutschen Kommissionären oder Grossisten und der entsprechenden zentralen Ein- und Verkaufsstelle in Leipzig. Beim Kompensationsverfahren stehen die beiden Möglichkeiten zur Verfügung, entweder Bücher und Zeitschriften auszutauschen oder die Lieferungen von Büchern und Zeitschriften gegen Druckaufträge durchzuführen[2]. Letzteres geschieht jedoch nahezu ausnahmslos nur im Auftrag westdeutscher Verlage, da die Lieferungen der Bundesrepublik die Bezüge seit 1971 übersteigen.

---

[2] Börsenverein des Deutschen Buchhandels e.V. (Hrsg.), Buch und Buchhandel in Zahlen, Ausgabe 1978, Frankfurt am Main, 1978, S. 69.

IV. Außenhandel mit Druckerei-Erzeugnissen

Tabelle 34: **Innerdeutscher Handel mit Druckerzeugnissen**
(in Mill. DM)

Merkmal	1968	1969	1970	1971	1972	1973	1974	1975	1976	1977
Bezüge der Bundesrepublik insgesamt	13,9	16,0	14,8	16,8	16,6	17,6	20,5	25,8	26,7	25,8
darunter: Bücher	9,9	11,5	12,3	14,1	13,3	14,3	14,9	15,4	17,9	17,5
Zeitungen und Zeitschriften	3,2	3,4	1,7	1,4	1,8	1,6	1,5	1,2	1,2	1,0
Lieferungen der Bundesrepublik insges.	11,7	12,3	13,0	19,8	21,1	22,5	28,1	32,1	30,8	32,0
darunter: Bücher	5,1	5,2	5,7	6,0	6,4	6,0	6,3	6,5	5,4	7,5
Zeitungen und Zeitschriften	5,6	6,4	6,0	7,6	7,7	9,0	8,8	11,5	12,8	n.a.
Werbungsmaterial und Kalender	0,0	0,0	0,3	2,9	5,9	6,1	10,0	n.a.	n.a.	n.a.
Saldo	−2,2	−3,7	−1,8	+3,0	+4,5	+4,9	+7,6	+6,3	+4,1	+6,2

n.a. = nicht ausgewiesen.
Quelle: Statistisches Bundesamt, Fachserie 6, Reihe 6 und Börsenverein des Deutschen Buchhandels e.V. (Hrsg.), Buch und Buchhandel in Zahlen, Ausgabe 1978, Frankfurt/Main 1978.

V. Faktoreinsatz und Produktivität

1. Bruttoproduktionswert und seine Komponenten

Die Kostenstrukturerhebungen des Statistischen Bundesamts ermöglichen es, für eine bestimmte Periode ein Produktionskonto aufzustellen. Dies geschieht durch die Gegenüberstellung von Aufwendungen und Erträgen, aus der dann verschiedene Leistungsgrößen abgeleitet werden können. Insbesondere ist eine derartige Aufstellung dazu geeignet, die Bedeutung der verschiedenen Aufwandsgrößen, insbesondere der verschiedenen Produktionsfaktoren, aufzuweisen und zu vergleichen. Die letzte verfügbare Kostenstrukturerhebung datiert aus dem Jahre 1976. In Tabelle 35 sind der Bruttoproduktionswert, gleichsam die Bilanzsumme des Produktionskontos, und seine Komponenten für die Aggregate Druckindustrie, Verbrauchsgüterindustrie sowie Verarbeitende Industrie insgesamt dargestellt. Die dieser Darstellung zugrunde liegenden Angaben entstammen einer hochgerechneten Stichprobe und beziehen sich auf die jeweilige Gesamtheit aller Industrieunternehmen mit 20 und mehr Beschäftigten.

Die Nettoquote, das Verhältnis von Nettoproduktionswert zu Bruttoproduktionswert, ist in der Druckindustrie deutlich höher als in den beiden Vergleichsaggregaten. Diese Quote kann als Indiz für die Produktionstiefe angesehen werden; eine hohe Nettoquote signalisiert, daß der Anteil der beiden Produktionsfaktoren Kapital und Arbeit im Vergleich zum Faktor Vorleistungen hoch ist. Im allgemeinen stehen einem relativ niedrigen Materialverbrauch hohe Personalkosten gegenüber. Dies gilt auch für die Druckindustrie, bei der einem Materialverbrauchsanteil von rund 31 % (Verarbeitende Industrie insgesamt: 42,5 %) ein Personalkostenanteil von 41 % (Verarbeitende Industrie: 26 %) gegenübersteht. Mit diesem Anteil liegt die Druckindustrie hinter der Feinkeramik an der Spitze aller Industriezweige.

Der Produktionsfaktor Kapital und seine Bedeutung kann einmal aus der Leistungsgröße „Abschreibungen" abgelesen werden. Hier liegt die Druckindustrie leicht über dem Durchschnitt der beiden Vergleichsaggregate. Zum anderen liegen auch die Aufwendungen für Mieten und Pachten über dem Durchschnitt, und zwar beträchtlich. Dies deutet darauf hin, daß Produktionsanlagen nicht nur gekauft und damit abgeschrieben, sondern auch in größerem Umfang angemietet werden.

Zusammenfassend ist zu sagen, daß die Druckindustrie wenig vorleistungs-, aber überdurchschnittlich kapital- und vor allem arbeitsintensiv ist. Hinsichtlich

Tabelle 35

Bruttoproduktionswert und seine Komponenten im Jahre 1976

(in %)

Leistungsgrößen	Druck-industrie	Verbrauchs-güter-industrie	Verarbeitende Industrie insgesamt
Umsatz aus eigenen Erzeugnissen und aus industriellen/handwerklichen Dienstleistungen (Lohnarbeiten usw.)	94,4	92,0	87,7
plus Umsatz aus Handelsware	2,1	6,4	9,9
plus Umsatz aus sonstigen nichtindustriellen/ handwerklichen Tätigkeiten	3,0	0,8	1,2
plus Bestandsveränderungen an unfertigen und fertigen Erzeugnissen aus eigener Produktion	0,4	0,6	0,8
plus Selbsterstellter Anlagen (einschl. Gebäude und selbst durchgeführte Großreparaturen) soweit aktiviert	0,1	0,2	0,4
ergibt BRUTTOPRODUKTIONSWERT	100	100	100
minus Verbrauch an Roh-, Hilfs- und Betriebsstoffen	30,9	40,6	42,5
minus Einsatz an Handelsware	1,5	5,0	8,0
minus Kosten für durch andere Unternehmen ausgeführte Lohnarbeiten	4,2	3,2	1,5
ergibt NETTOPRODUKTIONSWERT	63,4	51,2	48,0
minus Kosten für sonstige industrielle/handwerkliche Dienstleistungen (nur fremde Leistungen)	1,4	1,2	1,4
minus Mieten und Pachten	1,4	1,0	0,9
minus Sonstige Kosten	8,8	7,9	7,7
minus Verbrauchssteuern und sonstige indirekte Steuern abzüglich Subventionen für die laufende Produktion	1,5	1,1	3,8
ergibt BRUTTOWERTSCHÖPFUNG ZU FAKTORKOSTEN	50,3	40,0	34,2
minus Abschreibungen	3,7	3,2	3,5
ergibt NETTOWERTSCHÖPFUNG ZU FAKTORKOSTEN	46,6	36,8	30,7
darunter: Bruttoeinkommen aus unselbständiger Arbeit	(41,2)	(30,2)	(25,9)

Quelle: Eigene Berechnungen nach Stat. Bundesamt, Fachserie 4, Reihe 4.3.3, 1976.

der Wertschöpfung, also des Wertes, der der Vorleistung durch Bearbeitung hinzugefügt wird, nimmt sie unter den Industriezweigen der Bundesrepublik eine Spitzenstellung ein.

2. Arbeitskräfteeinsatz

Die Zahl der Beschäftigten erreichte 1970 in der Druckerei-Industrie mit 224 000 Personen ihren bisherigen Höchststand (vgl. Tabelle 36). Seither ist ein kontinuierlicher Rückgang zu beobachten; bis 1977 verminderte sich die Beschäftigtenzahl um fast 17 %. Da infolge von Arbeitszeitverkürzungen (z.B. durch Verlängerung des Jahresurlaubs) und Abbau von Überstunden die je Arbeiter geleisteten Stunden ebenfalls rückläufig waren, sank das Arbeitsvolumen (Beschäftigte mal geleistete Stunden je Arbeiter) um mehr als 20 %.

Tabelle 36

Entwicklung des Arbeitseinsatzes in der Druckerei-Industrie

Jahr	Beschäftigte[a)]		Geleistete Stunden je Arbeiter		Arbeitsvolumen[b)]	
	Anzahl	1970=100	Anzahl	1970=100	1000 Std.	1970=100
1968	211 757	94,5	1 924	100,8	407 351	95,2
1969	217 533	97,0	1 926	100,9	419 049	97,9
1970	224 169	100,0	1 909	100,0	427 937	100,0
1971	223 978	99,9	1 869	97,9	418 651	97,8
1972	220 482	98,4	1 869	97,9	412 083	96,3
1973	219 064	97,7	1 845	96,7	404 265	94,5
1974	209 879	93,6	1 820	95,3	381 994	89,3
1975	194 506	86,8	1 807	94,7	351 549	82,1
1976	189 594	84,6	1 823	95,5	345 585	80,8
1977	186 940	83,4	1 801	94,3	336 769	78,7

a) Industriebeschäftigte in Betrieben mit 10 und mehr Beschäftigten. – b) Zur Berechnung wurden die ungerundeten Werte der geleisteten Stunden je Arbeiter verwendet.
Quelle: Statistisches Bundesamt, Fachserie D, Reihe 1 (I); eigene Berechnungen.

Die arbeitsmarktstatistischen Daten spiegeln diese Entwicklung unter einem anderen Aspekt wider (vgl. Tabelle 37). Mit der Verminderung der Zahl der Beschäftigten erhöhte sich die Zahl der Arbeitslosen aus dem Wirtschaftsbereich Druck; seit 1975 übertrifft diese die Zahl der entsprechenden offenen Stellen beträchtlich. 1975 standen 8731 Arbeitsuchenden nur noch 1256 offene Stellen gegenüber. Mit der konjunkturellen Belebung der Druckindustrie hat sich die Relation wieder leicht gebessert[1]. Für den Beschäftigungsrückgang werden zwei wesentliche Gründe genannt. Zum einen wird diese Entwicklung auf eine Abschwächung der Nachfrage zurückgeführt, zum anderen wird die Einführung neuer Technologien in der Druckindustrie für den Rückgang verantwortlich gemacht. In einer Untersuchung des Instituts für Arbeitsmarkt- und Berufsforschung[2] wurde der Versuch unternommen, für das Stichjahr 1975 die technischen Umstellungen in dieser Branche zu erfassen und ihre Auswirkungen auf den Personalbestand zu ermitteln.

Tabelle 37

Arbeitsmarktstatistische Daten im Druckbereich

Jahr	Beschäftigte[a]	Arbeitslose[b] Drucker[a]	Offene Stellen Drucker[b]	Auszubildende Drucker	Beschäftigte Heimarbeiter
1968	211 757	1 104	3 203	18 018	3 028
1969	217 533	527	5 144	15 956	3 314
1970	224 169	467	5 463	16 736	3 393
1971	223 978	802	4 311	16 712	3 450
1972	220 482	1 213	3 525	15 524	3 046
1973	219 064	1 327	3 605	14 209	3 377
1974	209 879	3 934	1 884	13 393	3 313
1975	194 506	8 731	1 256	11 377	3 308
1976	189 594	7 199	1 612	9 527	3 023
1977	186 940	5 390	2 121	9 545	

a) Industriebeschäftigte in Betrieben mit 10 und mehr Beschäftigten. – b) Kennziffer 17 der Systematik: Klassifizierung der Berufe.
Quelle: Statistisches Bundesamt, Fachserie D, Reihe 1 (I); Institut für Arbeitsmarkt- und Berufsforschung; Angaben der Industrie- und Handels- sowie der Handwerkskammern.

Im Jahre 1975 betrug der jahresdurchschnittliche Bestand an Arbeitskräften 194 506; gegenüber dem Vorjahr hatte er sich um 15 373 vermindert. Nach den Ermittlungen des Instituts wurden durch technische Neuerungen im Stichjahr zwar rund 1100 Arbeitsplätze neu geschaffen, gleichzeitig gingen aber durch diesen Einfluß rund 2900 Arbeitsplätze verloren. Per Saldo ergibt sich also ein Verlust von rund 1800 Arbeitsplätzen, was einem Anteil am gesamten Beschäftigungsrückgang (15 373) von rund 12 % entspricht. Wie dieser Anteil zu bewerten ist, muß dahingestellt bleiben, da Vergleichsdaten aus anderen Industrie-

---

[1] Ende September 1977 wurden von der Bundesanstalt für Arbeit 4870 arbeitslose „Drucker" gezählt. Davon hatten 48 % keine abgeschlossene Berufsausbildung; 11 % waren Teilzeitarbeitslose.

[2] M. Lahner und R. Grabiszewski, Datensammlung zum Projekt „Auswirkungen technischer Änderungen auf Arbeitskräfte", Teiluntersuchung: Druckerei- und Vervielfältigungsindustrie, Beiträge zur Arbeitsmarkt- und Berufsforschung, Heft 22, Nürnberg 1978.

zweigen fehlen³. Immerhin konnte ermittelt werden, daß in der Druckindustrie der Anteil der fiktiv eingesparten Arbeitskräfte⁴ mit 2,6 % zwar deutlich unter dem Durchschnitt der übrigen untersuchten Industriezweige lag, sich aber die Frage stellte, warum bei (im Jahre 1975) rückläufiger Produktion und stark rückläufiger Zahl der Gesamtbeschäftigten nicht mehr tatsächliche Freisetzungen aufgrund der technischen Umstellungen erfolgten. Offensichtlich haben Rationalisierungsschutzabkommen und ähnliche Vereinbarungen, aber auch das Bestreben der Firmen, in Erwartung einer Nachfragebelebung gute Fachkräfte zu halten, zu dieser Zurückhaltung bei Freisetzungen geführt. Dies gilt insbesondere für größere Betriebe, wo offensichtlich durch eine institutionalisierte Personalplanung, gerichtet auf eine Reduzierung des Personalbestandes durch natürliche Fluktuation bei gleichzeitigem Einstellungsstop, auf Kurzarbeit und auf verstärkte Bemühungen um Aufträge, die Auswirkung technischer Veränderungen auf die Zahl der Arbeitskräfte relativ gering gehalten wird. Bei den kleineren Betrieben hingegen werden Arbeitskräfte in stärkerem Maße frei- oder innerbetrieblich umgesetzt als in Großbetrieben. Arbeitskräfte in kleinen Betrieben müssen nach dem Ergebnis der genannten Studie mit einer stärkeren Gefährdung ihrer Arbeitsplätze rechnen als diejenigen in Großbetrieben⁵.

In der Druckindustrie liegt die Lohnsumme je geleistete Arbeiterstunde über dem Durchschnitt der Gesamtindustrie. Dies ist gleichsam eine Tradition: Die Beschäftigten dieses Industriezweiges lagen schon immer mit an der Spitze der Skala der Industriearbeiterlöhne. Außerdem werden überdurchschnittlich viel Fachkräfte beschäftigt (1974 betrug der Anteil der Facharbeiter an allen Beschäftigten 39,8 %, in der Verarbeitenden Industrie insgesamt: 27,0 %). Schließlich sind Nachtschichten sowie Sonn- und Feiertagsarbeit in einigen Bereichen, insbesondere im Zeitungsdruck, die Regel. Abgesehen von − vorwiegend konjunkturell bedingten − Einflüssen (zeitweiser Abbau von Überstunden und dergl.) ist dieser Lohnvorsprung der Druckindustrie im Referenzzeitraum nahezu konstant geblieben und liegt bei etwa 7 bis 10 % des Industriedurchschnitts. Im Gegensatz zur Gesamtindustrie ist seit Anfang der siebziger Jahre der Anteil von Löhnen und Gehältern am Umsatz tendenziell rückläufig (vgl. Tabelle 38), so daß sich eine gewisse Annäherung an den Durchschnittswert der Industrie ergibt. Das Niveau dieser Quote liegt aber in der Druckindustrie immer noch

---

[3] Zwar wurden im Rahmen dieser Untersuchungsreihe vier weitere Branchen untersucht, die jeweiligen Stichjahre lagen jedoch in anderen (Aufschwung-)Phasen des Konjunkturzyklus. Dort war immer ein Wachstum des Personalbestandes durch technische Änderungen festzustellen gewesen.

[4] Als fiktiv eingesparte Arbeitskräfte werden in der Untersuchung diejenigen Beschäftigten bezeichnet, die zusätzlich zu den an den bisherigen Anlagen und Maschinen tätigen Arbeitskräften benötigt worden wären, um die neue Produktion und die neuen Leistungen zu erbringen, wenn keine technischen Änderungen durchgeführt worden wären. In diesem Fall wären 4969 Arbeitskräfte (= 2,6 % von 194 506) zusätzlich erforderlich gewesen. Vgl. M. Lahner und R. Grabiszewski, S. 12 f.

[5] Ebd., S. 13.

um mehr als 40 % über dem der Industrie, was einen Hinweis auf die überdurchschnittliche Arbeitsintensität dieser Branche gibt.

Tabelle 38

Lohnkosten in der Druckindustrie

Jahr	Lohnsumme je geleistete Arbeiterstunde		Lohn- und Gehaltssumme in % des Umsatzes		Lohnstückkosten[a)]	
	DM	Verarb.Ind. = 100	%	Verarb.Ind. = 100	absolut[b)]	Verarb.Ind. = 100
1968	5,85	109,8	35,0	160,6	0,367	105,8
1969	6,57	111,7	35,1	160,3	0,381	106,7
1970	7,61	110,4	36,3	155,8	0,423	105,0
1971	8,54	110,2	37,5	155,6	0,469	107,6
1972	9,31	109,2	37,1	152,7	0,482	107,1
1973	10,43	108,4	37,5	152,4	0,513	107,5
1974	11,62	105,3	36,5	147,9	0,556	104,7
1975	12,62	104,7	35,5	144,9	0,600	105,1
1976	13,62	106,8	34,0	145,9	0,593	106,7
1977	15,31	110,2	34,1	143,9	0,600	103,6

a) Lohn- und Gehaltssumme zu effektivem Nettoproduktionsvolumen. – b) Effektives Nettoproduktionsvolumen gleich 1.
Quelle: Deutsches Institut für Wirtschaftsforschung (Hrsg.), Produktionsvolumen und -potential, Produktionsfaktoren der Industrie im Gebiet der Bundesrepublik Deutschland, verschiedene Jahrgänge.

Die Beschäftigtenstruktur der Druckindustrie zeigt einige Besonderheiten (vgl. Tabelle 39). Mehr als doppelt so hoch als im Industriedurchschnitt ist der Anteil der tätigen Inhaber und Mitinhaber; dies ist eine Folge der Unternehmensstruktur, in der Klein- und Mittelbetriebe überdurchschnittlich repräsentiert sind. Auch die Lehrlingsausbildung hat eine weitaus überproportionale Bedeutung. Hier fällt allerdings auf, daß der Anteil der Auszubildenden tendenziell rückläufig ist.

Der Anteil der Facharbeiter liegt – wie bereits erwähnt – beträchtlich über der entsprechenden Quote in anderen Branchen. Es kann für die Druckerei-Industrie als typisch gelten, daß die Beschäftigten sich auf relativ wenige Berufsordnungen (Drucker, Druckformenhersteller und Schriftsetzer) konzentrieren. Das Institut für Arbeitsmarkt- und Berufsforschung hat ermittelt[6], daß die in spezifischen Druckberufen ausgebildeten Arbeitskräfte bzw. diejenigen Arbeitskräfte, die spezielle Tätigkeiten im Wirtschaftsbereich Druck ausüben, in hohem

---
[6] Ebd., S. 14.

2. Arbeitskräfteeinsatz

Tabelle 39: Beschäftigte der Druckindustrie nach der Stellung im Betrieb[a]

Beschäftigungsart	Männer und Frauen insgesamt[b]			Anteil der Frauen			
	1968	1970	1972	1974	1968	1970	1972	1974
Tätige Inhaber und Mitinhaber	1,7	1,6	1,6	1,5	0,3	0,3	0,3	0,3
Angestellte zusammen	18,6	19,1	20,1	21,3	6,9	7,1	7,4	8,1
Kaufm. und Verwaltungsangestellte	(11,9)	(12,1)	(12,5)	(12,9)	(6,3)	(6,5)	(6,7)	(7,2)
Techn. Angestellte	(6,7)	(7,0)	(7,6)	(8,4)	(0,6)	(0,6)	(0,7)	(0,9)
Arbeiter zusammen	72,6	73,0	72,3	72,3	20,3	20,0	19,5	19,4
Facharbeiter	(40,3)	(39,8)	(39,6)	(39,8)	(2,8)	(2,5)	(2,7)	(2,8)
Sonstige Arbeiter	(32,3)	(33,2)	(32,7)	(32,5)	(17,5)	(17,5)	(16,8)	(16,6)
Auszubildende zusammen	7,1	6,3	6,0	4,9	1,0	0,9	1,0	0,9
Kaufm. Auszubildende	(1,1)	(1,0)	(0,9)	(0,8)	(0,7)	(0,6)	(0,6)	(0,5)
Gewerblich Auszubildende	(6,0)	(5,3)	(5,1)	(4,1)	(0,3)	(0,3)	(0,4)	(0,4)
Insgesamt	100	100	100	100	28,5	28,3	28,2	28,7

a) Jeweils Ende September. – b) %-Anteile an den Gesamtbeschäftigten.
Quelle: Statistisches Bundesamt, Fachserie D, Reihe 4, Sonderbeiträge zur Industriestatistik, Beschäftigte nach der Stellung im Betrieb.

Maße auch dort tätig sind (z.B. 80 % aller Schriftsetzer und Druckformenhersteller, 66 % aller Drucker, Druckerhelfer und Vervielfältiger). Die Verhältnisse in der Druckindustrie stehen damit im Gegensatz zu vielen sonstigen Ausbildungen und Tätigkeiten. Außerdem wurde für die Arbeitskräfte im Wirtschaftsbereich Druck eine unterdurchschnittliche Wirtschaftszweigmobilität und unter den mobilen Arbeitskräften auch noch ein unterdurchschnittlicher Anteil von Berufswechslern festgestellt. Diese starke Berufstreue kann bei verstärktem Einsatz von arbeitskräftesparenden neuen Technologien im Zusammenwirken mit verminderten Wachstumschancen in der Zukunft zu problematischen Beschäftigungssituationen führen. Möglicherweise ist die Verminderung des Anteils von Auszubildenden in diesem Sinne bereits eine Anpassungsmaßnahme.

3. Kapitaleinsatz

Im Bereich der Druckindustrie der Bundesrepublik wurden im Berichtszeitraum 1968/77 knapp 7,5 Mrd. DM investiert. Schaltet man die Preiskomponente aus und verfolgt die Investitionstätigkeit in ihrer zeitlichen Entwicklung, so lag der Schwerpunkt innerhalb des Referenzzeitraums in der Periode 1970 bis 1973. Im Vergleich zur Investitionstätigkeit der Gesamtindustrie hat die Druckindustrie über den Gesamtzeitraum etwa durchschnittlich investiert; der Anteil ihrer Investitionen an den Investitionen der Gesamtindustrie liegt im Durchschnitt der betrachteten 10 Jahre bei 2,2 %. Die Schwankungen um diesen Mittelwert sind relativ gering (vgl. Tabelle 40). Nach dem – überwiegend konjunkturell bedingten – Einbruch bei den Investitionen mit dem Tiefpunkt im Jahre 1975 wurden diese zum Ende der Berichtsperiode wieder kräftig ausgeweitet. 1977 wurde bei inzwischen geschrumpftem Beschäftigtenstand die bisher höchste Investitionsintensität erreicht, die mit 3820 DM erstmals den Durchschnitt der Verarbeitenden Industrie übertraf. Dieser Investitionsstoß ist einerseits aus der guten Beschäftigungslage der Branche zu erklären, erhielt aber andererseits seine Impulse vor allem aus den technischen Umstellungen im Satzbereich. Hierfür spricht sowohl der sprunghafte Anstieg des Anteils derjenigen Firmen, die zur Einführung neuer Produktionsmethoden investierten – bei fast der Hälfte aller Firmen dienten 1977 die Investitionen auch diesem Zweck – als auch die starke Hinwendung bei den Ausrüstungsinvestitionen zum Flachdruck. Zwar waren die Investitionen dem Trend bei der Produktion (Anteilsverlust des Hochdrucks, Bedeutungszunahme des Flachdrucks, Konstanz des Tiefdrucks) schon über die gesamte Referenzperiode entsprechend verlaufen, ein besonders starker Investitionsstoß in dieses Druckverfahren, das mit den neuen Satztechniken (Photosatz) in engem technischen Zusammenhang steht, scheint sich aber in den Jahren 1976/77 vollzogen zu haben (vgl. Tabelle 41). Dies wird bestätigt durch die Ergebnisse einer Erhebung des Ifo-Instituts[7]. Bei dieser wur-

---

[7] BVD-Umfrage 1976.

3. Kapitaleinsatz

Tabelle 40: Zahlen zur Investitionstätigkeit der Druckindustrie

Kennzahl	Einheit	1968	1969	1970	1971	1972	1973	1974	1975	1976	1977
Nominale Bruttoanlageinvestitionen	Mill. DM	470	610	740	800	800	850	750	670	760	970
Veränderung gegenüber Vorjahr	%	−15	+30	+21	+8	±0	+6	−12	−11	+13	+28
Anteil an der Gesamtindustrie	%	2,3	2,2	2,0	2,1	2,3	2,4	2,2	1,9	2,1	2,6
Reale Bruttoanlageinvestitionen	Mill.DM i.Pr.v.1970	527	656	740	752	738	761	628	530	580	714
Veränderung gegenüber Vorjahr	%	−15	+24	+13	+2	−2	+3	−17	−16	+9	+23
Investitionsintensität a)	DM i.Pr.v.1970	2490	3015	3300	3355	3345	3475	2990	2725	3060	3820
Investitionsquote b)	%	6,8	7,6	7,8	7,9	7,4	7,3	6,3	5,8	5,9	6,9
Zielsetzung c) f)											
Erweiterung	%	44	30	52	38	25	37	23	24	22	21
Rationalisierung	%	33	58	32	49	49	45	33	54	47	46
Ersatzbeschaffung	%	23	12	16	13	26	18	44	22	31	33
Einführung neuer Produktionsmethoden d) f)	%	13	16	10	24	15	13	11	13	23	45
Anteil der Ausrüstungsinvestitionen e) f)	%	80	90	73	71	73	78	73	90	88	84
Struktur der Ausrüstungsinvestitionen e) f)											
Hochdruck	%	52	47	54	45	44	48	44	42	35	30
Flachdruck	%	25	32	30	37	34	37	35	35	45	52
Tiefdruck	%	23	21	16	18	22	15	21	23	20	18

a) Bruttoanlageinvestitionen je Beschäftigten. – b) Bruttoanlageinvestitionen in % vom Umsatz. – c) „Als Hauptziel ihrer Investitionen nannten ... % der Firmen". – d) „Die Investitionen dienten u.a. zur Einführung neuer Produktionsmethoden bei ... % der Firmen". – e) Nur solche Ausrüstungsinvestitionen, die einem der drei Druckverfahren eindeutig zuzurechnen sind. – f) Zahlen nicht für die gesamte Branche, sondern nur für die Firmen des Berichtskreises.
Quelle: Ifo-Investitionstest.

den bei den Teilnehmern die Schwerpunkte ihrer Investitionstätigkeit in den kommenden drei Jahren erhoben. Sieht man von der Weiterverarbeitung ab, lagen die Schwerpunkte eindeutig im Satz, der Druckformenherstellung und im Bogenoffset. In diesen Bereichen wurden dann auch 1976 und 1977 die Produktionskapazitäten am stärksten ausgebaut[8].

Tabelle 41
Anteile der verschiedenen Druckverfahren an
der Produktion der Druckindustrie[a]

(Anteile in %)

Jahr	Hochdruck	Flachdruck[b]	Tiefdruck
1966	62,5	21,0	16,5
1967	61,7	21,4	16,9
1968	61,0	21,4	17,6
1969	59,7	22,1	18,2
1970	57,7	24,2	13,1
1971	56,5	25,6	17,9
1972	54,6	27,3	18,1
1973	53,5	28,3	18,2
1974	53,1	29,6	17,3
1975	50,0	32,3	17,7
1976	47,0	34,3	18,7
1977[c]	44,3	36,1	19,6

a) Basis Produktionswerte. − b) Einschließlich Licht- und Siebdruck sowie Kleinoffsetdruck. − c) Betriebe ab 20 Beschäftigten, sonst ab 10 Beschäftigten.
Quelle: BVD-Statistiken.

Unter den Investitionsmotiven hatte die Rationalisierung während der gesamten Referenzperiode die größte Bedeutung. Mit den Investitionen waren aber auch erhebliche Kapazitätseffekte verbunden. Die stärksten Kapazitätsausweitungen waren nach den Erhebungen des Ifo-Instituts (BVD-Umfrage) Ende der sechziger Jahre zu verzeichnen. Die Zunahme betrug in den jeweiligen Berichtskreisen etwa 6 bis 8 % pro Jahr. Die sich anschließende Periode bis zum Jahr 1973 brachte eine Reduktion dieser Wachstumsraten auf etwa 4 bis 5 %. Selbst während des konjunkturellen Tiefs 1974 bis 1976 ergaben sich zwar in den Berichtskreisen noch Kapazitätseffekte in einer Größenordnung von 1 bis 2 %, da sich aber gleichzeitig die Zahl der Betriebe insgesamt verminderte, dürften die Kapazitäten der Druckindustrie insgesamt in diesen Jahren unverändert geblieben sein.

[8] BVD-Umfrage 1977.

Eine beträchtliche Bedeutung für die Finanzierung ihres Investitionsvolumens hat in der Druckindustrie das Leasing erreicht. 21 % der im Rahmen des Ifo-Konjunkturtests[9] befragten Firmen der Druckindustrie haben im Zeitraum 1975 bis 1977 neue Leasingverträge für Maschinen und Ausrüstungen abgeschlossen. Mit diesem Anteil liegt diese Branche deutlich über dem Durchschnitt der Verarbeitenden Industrie (15 %). Außerdem ergab sich aus der Untersuchung, daß der Anschaffungswert der über neue Leasingverträge hinzugekommenen Anlagen in den Jahren 1975 bis 1977 in nahezu der Hälfte aller Fälle mehr als 20 % der Gesamtinvestitionen entsprach (Verarbeitende Industrie: 13 % aller Fälle). In weiteren 43 % (Verarbeitende Industrie: 13 %) lag der Anteil des Anschaffungswertes im Bereich 10 bis 20 %. Daraus kann man den Schluß ziehen, daß die Druckindustrie das Instrument des Leasing in weit überdurchschnittlichem Maße nutzt und daß die Investitionszurückhaltung vor allem des Jahres 1975 wenigstens zu einem Teil durch diese Form der Anlagenfinanzierung kompensiert wird.

Investitionsausgaben für Anlagen zur Vermeidung oder Verringerung schädlicher Umweltbelastungen spielen in der Druckerei-Industrie nur eine relativ bescheidene Rolle. In der Zeit 1971/75 hat diese Branche rund 46 Millionen für produktions- und produktbezogene Umweltschutzinvestitionen aufgewendet, das sind 0,5 % der Umweltschutzaufwendungen der gesamten Verarbeitenden Industrie (bei den Beschäftigten betrug der entsprechende Anteil rund 2,5 %). Bezieht man diese Investitionen auf den Umsatz, so liegt der Durchschnittswert für den genannten Zeitraum bei 1,4 ‰ (Verarbeitende Industrie insgesamt: 2,8 ‰). Die Ergebnisse des Ifo-Investitionstests zeigen, daß von der Druckindustrie in den letzten Jahren ziemlich genau 2 % aller Investitionen für Umweltschutzmaßnahmen ausgegeben wurden. Derartige Maßnahmen richten sich vor allem auf die Luftreinhaltung. Viele Druckfarben sind ein Gemisch aus Pigmenten, Bindemitteln und Lösungsmitteln; letztere werden beim Trocknungsvorgang freigesetzt. Bei Überschreiten bestimmter Mengen- bzw. Konzentrationsschwellen werden Abluft-Reinigungsanlagen erforderlich. In den Abwässern aus Druckereien sind häufig Lösungs- und Reinigungsmittel enthalten und schließlich spielt auch die Beseitigung von Abfällen (z.B. Film- und Kunststoffabfälle, NE-Metallabfälle, Schlämmgut, nicht mehr verwertbare Farben, Putzlappen) eine Rolle; ein Teil von diesen ist feuergefährlich. Zu bemerken ist, daß die in den Druckereien anfallenden Papierabfälle („Druckereialtpapier") zu 100 % erfaßt und der Weiterverwendung in der Papiererzeugung zugeführt werden. Von den Druckereien stammen rund 12 % des gesamten Altpapiereintrags der deutschen Papierindustrie, weitere 10 % kommen aus Verlagsremittenden.

---

[9] Ergebnisse einer Sondererhebung im Auftrag der Industriekreditbank AG, Düsseldorf.

4. Material- und Energieeinsatz

Der Materialeinsatz der Druckindustrie konzentriert sich im wesentlichen auf zwei Produktgruppen (vgl. Tabelle 42). Über zwei Drittel des gesamten Material- und Wareneingangs entfielen 1967 (das letzte Jahr, für das derartige Angaben vorliegen) auf Papier und Pappe. Weitere 11 % machten die Druckfarben aus, so daß annähernd vier Fünftel des Materialeinsatzes auf diese beiden Produktgruppen entfiel.

Tabelle 42

Material- und Wareneingang in der Druckindustrie (1967)

Warenart	Material- und Wareneingang	
	Mill.DM	%
Rohstoffe und sonstige Vorprodukte	2 008,6	90,0
darunter:		
Papier und Pappe	(1 506,5)	(67,5)
Druckfarben und Druckereihilfsmittel		
(z.B. Verdünnungs- und Bestäubungsmittel)	(253,4)	(11,4)
Hilfs- und Betriebsstoffe	107,4	4,8
Brenn- und Treibstoffe	96,7	4,3
Küchen- und Kantinenwaren	19,7	0,9
Alle Waren	2 232,4	100

Quelle: Statistisches Bundesamt, Industrie und Handwerk, Sonderbeiträge zur Industriestatistik, Material- und Wareneingang der Industrie.

Vom Gesamtverbrauch[10] an graphischen Papieren des Jahres 1977 in Höhe von rund 4 Mill.t wurden knapp 42 % aus dem Ausland bezogen. Dabei ist die Abhängigkeit von ausländischen Lieferanten bei Zeitungsdruckpapier (Verbrauch 1977: rund 1,2 Mill.t) mit 62 % besonders hoch. In der Bundesrepublik gibt es nur drei Zeitungspapierhersteller; Hauptlieferländer sind Schweden und Finnland. Beim sonstigen Schreib- und Druckpapier (Verbrauch 1977: rund 2,9 Mill.t) ist die Auslandsabhängigkeit mit einem Drittel deutlich geringer als beim Zeitungspapier.

In den ersten Jahren des Referenzzeitraums hat die Druckindustrie ihr wichtigstes Vormaterial zu relativ niedrigen und dazu tendenziell eher sinkenden Preisen beziehen können. Im Gefolge der sich parallel zur Ölpreisexplosion voll-

---

[10] Rechnerischer Verbrauch; vgl. Verband Deutscher Papierfabriken e.V. (Hrsg.), Papier '78, Bonn 1979, S. 14.

ziehenden „Faserkrise"[11] kam es dann etwa ab Mitte 1973 zu einem sehr starken Anstieg der Papierpreise, verbunden mit Lieferengpässen. Die Preise für Zeitungsdruckpapier stiegen 1974 um 35 %, 1975 nochmals um 22 %. Ähnliche Preissteigerungen ergaben sich auch bei Schreib- und Druckpapier (30 % bzw. 7 %). Die Verlage und damit auch die Druckindustrie haben auf diese Preisentwicklung mit Maßnahmen reagiert, die auf Einsparungen bei Papier abzielten. So wurden bei einigen Zeitschriften die Formate verkleinert sowie das Flächengewicht — dies gilt vor allem für Zeitungsdruckpapier — reduziert. Die meisten dieser Maßnahmen wurden später, als die Versorgung mit Papier gesichert war und die Papierpreise sich auf einem — wenn auch höherem — Niveau stabilisierten, nicht wieder rückgängig gemacht. Der Verbrauchsminderungseffekt wird (bezogen auf den Gesamtpapierverbrauch, also unter Einschluß der Verpackungspapiere und -pappen) auf etwa 6 % geschätzt.

Druckfarben bilden die zweite wichtige Vormaterialgruppe der Druckindustrie. Die deutschen Hersteller dieser Produkte liegen in Europa, was Quantität und Qualität anbetrifft, an der Spitze. So werden denn auch nur rund 5 % des Verbrauchs vom Ausland gedeckt. Die etwa 35 deutschen Produzenten sind nahezu ausschließlich auf diese Produkte spezialisiert, der Vertrieb ist außerordentlich serviceorientiert, da es bei einer nicht geringen Anzahl von Abnehmern besondere „Hausfarben" gibt.

Der Einsatz der Druckfarben richtet sich vor allem nach den angewandten Druckverfahren. Bezieht man die Kosten für Druckfarben auf den Produktionswert der Drucksache, so liegt dieser Anteil im Hochdruck bei nur 2 bis 3 %, im Flachdruck bei 3 bis 4 % und im Tief- und Siebdruck reicht er teilweise bis über 10 %[12]. Bezogen auf den Gesamtverbrauch von Druckfarben (1977: rund 146 000 t, einschließlich 15 000 t Druckhilfsmittel) dominieren die Tiefdruckfarben mit rund 50 %.

Ähnlich wie bei Papier und Pappe ergaben sich auch bei den Farben im Gefolge der Ölkrise aufgrund stark gestiegener Chemikalienpreise kräftige Kostenerhöhungen für die Druckindustrie. Auch hierauf reagierten die Drucker mit mengenmäßigen Einsparungen und Wechsel zu billigeren Farben. Allerdings zwingen die steigenden Ansprüche der Abnehmer von Druckerzeugnissen ebenso wie die schneller und präziser arbeitenden Druckmaschinen zu besseren und teureren Farben. Insbesondere dem Problem der Trocknung (Einsatz von Infrarot- und Ultraviolett-Trocknern) wird besondere Aufmerksamkeit geschenkt. Die Forderungen des Umweltschutzes begünstigen den Einsatz lösungsmittelfreier bzw. lösungsmittelarmer Farben.

---

[11] Verknappungserscheinungen auf dem Zellstoffmarkt, verbunden mit erheblichen Preissteigerungen.
[12] G. H. Uhlemann, Marktgestaltung und Struktur der westdeutschen Druckfarbenindustrie, in: Der Polygraph 31 (1978), 10, S. 750 ff.

Im Vergleich zu anderen Industriegruppen ist der Energie- und Brennstoffverbrauch in der Druckindustrie gering: Die direkte Belastung der Bruttoproduktion mit Energiekosten war 1974 nur etwa halb so groß wie im Durchschnitt der Industrie (vgl. Tabelle 43), allerdings ist in der Druckindustrie dieser Wert sehr viel kräftiger gewachsen.

Tabelle 43

Direkte reale Energiekostenbelastung

(DM je 100 DM Bruttoproduktionswert)

Sektor	Jahr 1964	1974	Veränderung 1964/74 in %
Druckerei- und Vervielfältigungsindustrie	0,94	1,58	+ 68,1
Verbrauchsgüterindustrie[a]	1,67	2,25	+ 34,7
Industrie insgesamt	2,98	3,28	+ 10,1

a) Einschließlich Nahrungs- und Genußmittelindustrie.
Quelle: G. Britschkat u.a., Die Energiekostenbelastung der Wirtschaftssektoren der Bundesrepublik in den Jahren 1961 bis 1964, 1968, 1971, 1973 und 1974, München 1976.

Der Stromverbrauch stieg im Referenzzeitraum von 641,8 Mill. KWh (1968) auf 1146,4 Mill. KWh (1977) um 78,6 %. Diese Zunahme liegt erheblich über dem im gleichen Zeitraum realisierten Produktionswachstum (gemessen am Index der industriellen Nettoproduktion) von rund 32 %. Dies deutet darauf hin, daß die Zunahme des Leistungsvermögens des Produktionsapparates mit einem überproportionalen Stromverbrauch erkauft wurde.

5. Dispositiver Faktor

Der dispositive Faktor wird hier im Gutenbergschen Sinne als die Geschäfts- und Betriebsleitung verstanden, deren Aufgabe darin besteht, die drei Faktoren Arbeit, Betriebsmittel und Werkstoffe zu einer produktiven Kombination zu vereinigen. Im folgenden soll auf die Aufgabenbereiche Unternehmensplanung, Marketing und Technologiepolitik in der Druckindustrie eingegangen werden.

Typisch für die Druckindustrie ist ihre auftragsorientierte Fertigung, eine Fertigung auf Lager findet in aller Regel nicht statt[13]. Daraus ergeben sich für die Unternehmensplanung einige wichtige Konsequenzen[14]:

---

[13] Im Durchschnitt gaben rund 85 % der zum Ifo-Konjunkturtest meldenden Firmen an, daß bei ihnen eine Lagerhaltung von Fertigwaren nicht üblich sei.
[14] Vgl. H. Schabmair, Selektive Marketing-Politik in der Druckindustrie, Diplomarbeit, Ludwig-Maximilians-Universität, München 1974, sowie die dort angegebene Literatur.

- Die einzelnen Druckaufträge sind meistens hinsichtlich Produktgestaltung, Qualität und Auflage unterschiedlich. Jeder Auftrag erfordert eine spezielle Kalkulation und Preisfestsetzung.
- Die Marktbeobachtung ist für den Drucker sehr erschwert, die Relevanz der einzelnen Marktsegmente kann je nach Auftrag sehr stark wechseln; sie sind insgesamt wenig transparent.
- Die Produktionsplanung richtet sich nicht, wie bei der Konsumgüterindustrie üblich, auf die Planung von speziellen Produkten, sondern auf die Bereitstellung von Produktionskapazitäten für bestimmte Auftragsarten.
- Da Fertigwarenlager entfallen, können Lagerkosten und -risiken vermieden werden.

Die Auftragsbeschaffung in der Druckindustrie ist insofern erleichtert, als ein beträchtlicher Teil des Umsatzes durch ein gewisses „Grundgeschäft" gedeckt wird. So wurden von den Umsätzen des Jahres 1977[15] knapp 20 % mit dem angegliederten Verlag getätigt. Bei weiteren 20 % lagen Daueraufträge[16] vor. Schließlich basierten rund 16 % der Umsätze auf Geschäften, die durch direkte Kundenanfragen zustande kamen.

Angesichts dieser Besonderheiten ist es verständlich, daß die Unternehmensplanung in der Druckindustrie im allgemeinen kurzfristig angelegt ist. Nach den Ergebnissen einer Umfrage des Bundesverbands Druck e.V.[17] betreiben aber 23,6 % der befragten Klein- und Mittelbetriebe eine systematische Verkaufsplanung, wobei die Anteile mit steigender Unternehmensgröße zunehmen. Bei den befragten Großbetrieben lag der Anteil der Firmen bei 35,2 % im Durchschnitt, wobei bei den größten Unternehmen die Anteile sehr hoch (rund 63 %) liegen.

Kritiker bemängeln häufig, daß in der Druckindustrie das Warten auf Aufträge die typische Einstellung sei. Die zitierte Verbandsumfrage bestätigt die Berechtigung dieser Kritik zumindest für die Kleinbetriebe. In der untersten Unternehmensgrößenklasse (1 bis 19 Beschäftigte), auf die in der Druckindustrie immerhin über zwei Drittel aller Firmen entfallen, ist festzustellen, daß Kundenbesuche in regelmäßigen Zeitabständen nur bei rund einem Drittel der Firmen erfolgen. Typisch für diese Kleinunternehmen ist außerdem, daß in der Person des Inhabers bzw. Geschäftsführers alle wichtigen Funktionen wie Betriebsleitung, Kalkulation, Auftragsbearbeitung und Verkauf vereinigt sind, weil eine Delegation dieser Arbeiten angesichts des geringen Personalstandes entweder nicht möglich ist oder nicht für möglich gehalten wird. In weiten Bereichen der Wirtschaft außerhalb der Druckindustrie dürften allerdings die Verhältnisse ähnlich liegen. Die Führungsorganisation in den Großbetrieben ist verständli-

---

[15] BVD-Umfrage 1977.

[16] Immer wiederkehrende Objekte, die häufig durch längerfristige Verträge abgesichert sind.

[17] Bundesverband Druck e.V. (Hrsg.), Marketing Umfrage '77, Ergebnisbericht, Schriftenreihe Marketing in der Druckindustrie, Wiesbaden 1977.

cherweise wesentlich differenzierter; immerhin haben 94 % aller Unternehmen mit mehr als 300 Beschäftigten einen Organisationsplan; die Entscheidungsbefugnis über Auftragsannahme, Preise und Konditionen wird überwiegend der Verkaufsleitung übertragen.

Werbung wird in nahezu allen befragten Betrieben durchgeführt, systematisch und regelmäßig jedoch nur bei den großen Firmen. Dies geschieht besonders häufig in Form von Werbegeschenken, was verständlich ist, denn viele Druckereien können derartige Geschenke — beispielsweise Kalender — selbst herstellen. Der Anteil der Werbekosten am Umsatz beträgt, relativ unbeeinflußt von der Unternehmensgröße, etwa 2 %.

Obwohl es sich bei der Druckindustrie um eine hochtechnisierte Branche mit teilweise äußerst komplizierten Produktionsanlagen handelt, wird von den einzelnen Betrieben nur wenig Forschung und Entwicklung betrieben[18]. Dies hängt mit dem Dienstleistungscharakter dieser Branche zusammen, die ihren Kunden mehr Serviceleistungen als definierte Produkte anbietet. Die dazu benötigten Vorleistungen (Papiere, Druckfarben, Druckformen) und maschinellen Einrichtungen bekommt sie von den entsprechenden Vorlieferanten überwiegend aus dem Bereich der Bundesrepublik. Der hohe Standard der deutschen Druckindustrie ist nicht zuletzt darauf zurückzuführen, daß diese Lieferanten, was die Qualität ihrer Erzeugnisse betrifft, weltweit eine führende Stellung einnehmen. Die erforderlichen Forschungs- und Entwicklungsarbeiten werden denn auch entweder in den Betrieben dieser Zulieferer oder als Gemeinschaftsforschung durchgeführt. So führt ein von der Druckindustrie und ihren Vorlieferanten gemeinsam getragenes Institut (Deutsche Forschungsgemeinschaft für Druck- und Reproduktionstechnik e.V. FOGRA) die erforderlichen branchenübergreifenden Forschungsarbeiten durch.

6. Faktorsubstitution und Produktivität

a) Substitution von Arbeit durch Kapital

Als vergleichsweise arbeitsintensive Branche war die Druckindustrie gezwungen, zur Erhaltung der Wettbewerbsfähigkeit arbeitssparende und kapitalintensive Produktionsverfahren einzuführen. Einen Anhaltspunkt hierfür bietet die Entwicklung der Kapitalintensität (reales Brutto-Anlagevermögen je Beschäftigten). In der Druckindustrie hat sich in der Tat im Untersuchungszeitraum ein Prozeß der Kapitalintensivierung vollzogen, dessen Tempo über dem der Verarbeitenden Industrie lag, das der Verbrauchsgüterindustrie jedoch nicht erreichte (vgl. Tabelle 44). Hinsichtlich des Niveaus der Kapitalintensität übertrifft die Druckindustrie die Verbrauchsgüterindustrie jedoch noch beträchtlich.

---

[18] Auf eine entsprechende Umfrage des Ifo-Instituts, die die Verhältnisse in den Jahren 1970/71 betraf, gaben nur 2 % der befragten Firmen an, Forschung und Entwicklung zu betreiben. Gewichtet mit dem Umsatz waren es 15 %, was erkennen läßt, daß nur wenige, aber sehr große Unternehmen F und E, in erster Linie Entwicklung durchführen.

Tabelle 44: Entwicklung von Brutto-Anlagevermögen und Investitionsvolumen je Beschäftigten

Variable bzw. Bereich	in DM zu Preisen von 1970						Durchschnittl. jährl. Veränderungsrate in % 1968/77
	1968	1970	1972	1974	1976	1977	
Bruttoanlagevermögen je Beschäftigten							
Druckindustrie	39 153	41 125	46 453	52 959	61 025	63 304	5,5
Verbrauchsgüterindustrie	30 529	32 566	37 291	43 998	51 200	52 735	6,3
Verarbeitende Industrie insgesamt	49 307	50 397	58 191	64 414	74 596	76 893	5,1
Investitionsvolumen je Beschäftigten							
Druckindustrie	2 512	3 301	3 320	2 930	2 938	3 648	4,2
Verbrauchsgüterindustrie	1 975	2 744	2 505	2 224	2 333	2 410	2,2
Verarbeitende Industrie insgesamt	3 009	4 280	3 906	3 513	3 478	3 473	1,6

Quelle: R. Krengel u.a., Produktionsvolumen und -potential, Produktionsfaktoren der Industrie im Gebiet der Bundesrepublik Deutschland, verschiedene Jahrgänge, hrsg. vom Deutschen Institut für Wirtschaftsforschung, Berlin.

Welche Anstrengungen hinsichtlich der Kapitalintensivierung die Branche tatsächlich unternommen hat, wird deutlich, wenn man als Maß für die Substitution von Arbeit durch Kapital das Investitionsvolumen je Beschäftigten wählt. Hinsichtlich der Entwicklung dieser Kennziffer zeigt sich im Referenzzeitraum die Druckindustrie gegenüber den beiden Vergleichsaggregaten deutlich überlegen. Dies ist vor allem auf das weit überproportionale Wachstum in den letzten drei Jahren zurückzuführen; in dieser Zeit nahm das Investitionsvolumen je Beschäftigten in der Druckindustrie um 7,6 % pro Jahr, in der Verbrauchsgüterindustrie dagegen nur um 2,7 % zu, während es im Durchschnitt der Verarbeitenden Industrie praktisch stagnierte.

b) Entwicklung der Produktivität und ihrer Erklärungskomponenten

aa) Arbeitsproduktivität

Bei seit 1970 stark rückläufigem Arbeitsvolumen und tendenziell steigender Produktion erwiesen sich die Produktivitätsfortschritte als die ausschließliche Erklärungskomponente des Produktionswachstums. Im langjährigen Durchschnitt weicht damit die Druckindustrie kaum von dem in der Verarbeitenden Industrie allgemein zu beobachtenden Trend ab. Dies gilt auch hinsichtlich des Tempos des Produktivitätsfortschritts: im Referenzzeitraum konnten sowohl die Druckindustrie als auch die Verarbeitende Industrie die Produktivität um reichlich 5 % pro Jahr steigern (vgl. Tabelle 45); im Jahre 1977 war das effektive Netto-Produktionsvolumen je geleistete Beschäftigtenstunde in der Druckindustrie (DM 27,26) mit dem der Verarbeitenden Industrie (DM 27,62) praktisch identisch.

bb) Technischer Fortschritt

Die rechnerische Gegenüberstellung von Produktionsergebnis und Einsatz des Produktionsfaktors Arbeit ist nur beschränkt für eine Analyse der Auswirkungen technischer Veränderungen geeignet. Diese rufen nämlich in aller Regel Änderungen bei allen Produktionsfaktoren hervor. Eine ausreichende Konzeption für die Betrachtung der ökonomischen Auswirkungen technischer Veränderungen kann demnach nur eine solche sein, die alle Größen, auf die sich die technischen Veränderungen beziehen können, umfaßt. Geht man von der Überlegung aus, daß Werkstoffe und Energie in den einzelnen Industrien nur durchlaufende Größen darstellen, die zwar mit anderen Produktionsfaktoren kombiniert werden, aber selbst keinen aktiven Beitrag zum Produktionsergebnis leisten, sondern hier lediglich mit ihrem Wert eingehen, so tragen die Produktionsfaktoren Arbeit und Kapital durch ihre Leistung im Produktionsprozeß zur Schaffung neuer Werte, zur Wertschöpfung bei.

Tabelle 45
Entwicklung der Arbeitsproduktivität

(in DM zu Preisen von 1970)

Jahr	Druck-industrie	Verbrauchsgüter-industrie	Verarbeitende Industrie
1968	17,02	13,71	17,32
1969	18,37	14,74	18,51
1970	18,99	15,16	19,00
1971	19,32	16,18	19,91
1972	20,53	17,33	21,31
1973	21,61	18,29	22,72
1974	22,28	19,11	23,53
1975	22,45	20,11	24,27
1976	24,51	21,86	26,27
1977	27,26	23,15	27,62
Durchschn. jährl. Wachstum in %	+ 5,4	+ 6,0	+ 5,3

Quelle: R. Krengel u.a., Produktionsvolumen und -potential, Produktionsfaktoren der Industrie im Gebiet der Bundesrepublik Deutschland, verschiedene Jahrgänge, hrsg. vom Deutschen Institut für Wirtschaftsforschung, Berlin.

Allerdings reichen diese beiden Größen allein nicht aus, die ökonomischen Auswirkungen technischer Veränderungen funktional vollständig zu erfassen. Neben den quantitativen Auswirkungen auf die Nettoproduktion (durch Veränderungen der Zahl der Beschäftigtenstunden und des Realkapitals) ergeben sich durch technische und organisatorische Veränderungen im allgemeinen auch noch solche qualitativer Art, die zu einer Veränderung der Ergiebigkeit der Produktionsfaktoren führen. Änderungen der Arbeitsorganisation können beispielsweise ein Produktionswachstum auslösen, ohne daß sich die Einsatzmengen an Arbeit und Kapital zu verändern brauchen. Der Nettoproduktionswert kann sich also auch verändern, wenn mit dem gleichen Faktoreinsatz ein anderes Produkt erstellt wird, das einen anderen Marktwert besitzt.

Um das Produktionswachstum zu erklären, bedarf es daher noch eines dritten Faktors, der die durch rein quantitative Veränderungen der Produktionsfaktoren Arbeit und Realkapital nicht erfaßbaren Effekte des in vielen technischen Veränderungen involvierten sogenannten technischen Fortschritts auf die Nettoproduktion ausdrückt. Die Größe technischer Fortschritt bildet damit ein Sammelbecken für all diejenigen Effekte, die als qualitative Veränderungen der

Produktionsfaktoren, des Produkts oder des Produktionsverfahrens das Verhältnis zwischen der Nettoproduktion und den Faktormengen beeinflussen. Der technische Fortschritt kann auch als Qualitätskomponente oder als Rationalisierungseffekt bezeichnet werden.

Mit Hilfe einer Produktionsfunktion läßt sich das Produktionswachstum durch den technischen Fortschritt im oben definierten Sinne einerseits (auch als intensives Wachstum bezeichnet) sowie durch extensives Wachstum andererseits (Veränderungen in den Einsatzmengen der Produktionsfaktoren Arbeit und Kapital bzw. Kapitalintensivierung) erklären[19].

In der Druckindustrie hat der technische Fortschritt im Referenzzeitraum ausschließlich das — bezogen auf die Gesamtindustrie vergleichsweise geringere — Outputwachstum bewirkt (vgl. Tabelle 46). Die Rate des technischen Fortschritts übertraf deutlich die des Vergleichsaggregates und konnte damit den kontraktiven Einfluß eines rückläufigen extensiven Wachstums überkompensieren. Im Vergleich zu den sechziger Jahren hat sich damit ein bemerkenswerter Wandel vollzogen, denn im Zeitraum 1958 bis 1968 lag die Rate des technischen Fortschritts bei gleichem Outputwachstum deutlich unter derjenigen der Gesamtindustrie. Damals war es vor allem das extensive Wachstum, das es der Druckindustrie ermöglichte, ihre Expansionschancen wahrzunehmen.

Wenn es also der Druckindustrie gelang, die Rate des technischen Fortschritts in den siebziger Jahren gegenüber den sechziger Jahren zu verdreifachen, so müssen sich in den letzten Jahren deutliche technische Umstellungen in den Produktionsanlagen und -verfahren vollzogen haben. Darauf soll im folgenden Kapitel näher eingegangen werden.

cc) Technische Veränderungen bei den Produktionsverfahren

Einen ersten Hinweis auf diejenigen Bereiche in der Druckindustrie, in denen in besonderem Maße technische Umstellungen vorgenommen wurden, vermitteln die Ergebnisse einer Maschinenerhebung, die im Frühjahr 1978 vom Bundesverband Druck e.V. durchgeführt worden ist. Die Antwortquote betrug — gemessen an den Beschäftigten der beteiligten Betriebe — über 85 %, die Ergebnisse repräsentieren also die tatsächlichen Verhältnisse in der Druckindustrie in hervorragendem Maße.

Tabelle 47 zeigt die Altersstruktur ausgewählter Maschinen in der Druckindustrie. Daraus wird deutlich, daß ganz generell der Maschinenpark relativ mo-

---

[19] Die vorgeführten Untersuchungsergebnisse beruhen auf zwei Grundtypen von Produktionsfunktionen, nämlich der CES-Funktion und der Cobb-Douglas-Funktion. Die wichtigsten Prämissen sind Stetigkeit der Produktionsfunktion, Neutralität des technischen Fortschritts, Homogenität der Produktionsfunktion und Konstanz der Substitutionselastizität. Vgl. L. Uhlmann, Der technische Fortschritt in der Industrie — Ergebnisse sektoraler Messungen, in: Wirtschaftskonjunktur, 4/1972, S. 27 ff.

6. Faktorsubstitution und Produktivität

Tabelle 46: **Erklärungskomponenten des Produktionswachstums**

(Jahresdurchschnitt in %)

Bereiche	Technischer Fortschritt λ	Wachstum des Outputs[a] w_y	Extensives Wachstum[b] $w_y - \lambda$	Anteile am Wachstum des Outputs	
				Technischer Fortschritt	Extensives Wachstum
		1958 – 1968			
Druckindustrie	1,2	5,2	4,0	23	77
Verarbeitende Industrie	2,0	5,2	3,2	38	62
		1968 – 1977[c]			
Druckindustrie	3,6	3,2	–0,5	116	–16
Verarbeitende Industrie	2,8	3,6	0,7	80	20

a) Effektives Nettoproduktionsvolumen in Preisen von 1970. – b) Die Addition der Spalten λ und $w_y - \lambda$ ergibt wegen des joint effects nicht immer genau w_y. – c) Die Berechnungsergebnisse für den Zeitraum 1968 bis 1977 beruhen auf der Annahme, daß die Produktionselastizitäten denen der Periode 1958 bis 1968 entsprechen.
Quelle: L. Uhlmann, Der technische Fortschritt in der Industrie – Ergebnisse sektoraler Messungen, in: Wirtschaftskonjunktur 4/1972, S. 35; eigene Berechnungen.

Tabelle 47
Altersstruktur ausgewählter Maschinen in der Druckindustrie

Maschinenart	Anteil (%)[a] der Maschinen aus den Baujahren					Erfaßte Maschinen insgesamt
	bis 1957	1958 -1965	1966 -1969	1970 -1973	1974 -1977	
1. *Geräte und Maschinen zur Satzherstellung*						
Computer, externe (für Blei- und Fotosatz)	–	–	8,9	24,1	60,1	158
Fotosetzgeräte (Titelsatz einschl. Diatype)	0,1	4,6	16,6	40,4	31,3	2 801
Fotosetzmaschinen (datenträgergest.)	0,1	0,3	1,3	13,9	80,8	761
Fotosetzmaschinen (manuell)	0,1	0,6	1,3	12,2	49,6	2 081
Perforatoren (ausschließend)	–	19,3	23,2	31,3	20,4	871
Perforatoren (endlos)	0,2	10,8	15,1	32,8	35,3	1 058
Zeilengußmaschinen (manuell)	31,6	32,5	10,3	11,5	2,7	4 281
Zeilengußmaschinen (datenträgergest.)	3,2	26,4	21,8	32,8	7,4	919
2. *Geräte und Maschinen zur Reproduktion*						
Kontaktkopiergeräte ohne Belichtungssteuerung	2,3	12,0	19,2	31,9	25,0	2 733
mit Belichtungssteuerung	0,9	7,4	17,0	30,9	34,2	2 913
Reproduktionskameras ohne Programmsteuerung	4,9	12,7	14,7	28,7	28,4	4 072
mit Programmsteuerung	0,8	1,1	9,9	20,3	57,3	829
Elektron. Farbauszugs- und Korrekturgeräte (Scanner)	0,3	10,0	19,3	26,9	33,9	301
3. *Geräte und Maschinen zur Druckformherstellung*						
Anlagen zur Herstellung von Fotopolymer-Hochdruckplatten	–	1,8	17,9	39,0	33,6	1 383
4. *Hochdruckmaschinen*						
Tiegeldruckautomaten	26,9	36,5	13,1	9,4	3,3	9 368
Einfarbenmaschinen[b]	28,7	40,3	14,4	7,8	1,3	6 884
Zweifarbenmaschinen[c]	3,2	47,9	28,2	11,2	1,6	564
Hochdruck-Rollenrotationsmasch.	35,1	25,3	13,7	15,4	6,7	1 369
5. *Offsetmaschinen*						
Einfarben-Offsetmaschinen	2,6	12,6	18,3	28,2	30,2	10 737
Zweifarben-Offsetmaschinen	1,7	13,9	15,7	36,9	29,5	1 571
Vierfarben-Offsetmaschinen	0,2	8,6	16,3	35,0	37,8	571
Offset-Rollenrotationsmaschinen	0,5	11,3	20,6	31,4	34,8	987
6. *Tiefdruckmaschinen*						
Bogentiefdruckmaschinen	33,3	41,0	10,3	5,1	5,1	39
Tiefdruck-Rollenrotationsmasch.	8,1	31,9	19,4	21,4	18,5	1 899

a) Differenz zu 100 durch Meldungen ohne Baujahrangabe. – b) Stoppzylinder, Eintouren- und Zweitourenmaschinen. – c) Eintouren- und Zweitourenmaschinen.

Quelle: Bundesverband Druck e.V., Ergebnisse einer Maschinenerhebung in der Druckindustrie für das Jahr 1977, Wiesbaden 1979.

dern ist. Nur bei wenigen Maschinenarten sind Aggregate häufiger vertreten, die vor 1958 gebaut wurden, mithin zum Zeitpunkt der Erhebung älter als 20 Jahre waren. Relativ große Bedeutung haben diese alten Maschinen[20] im Bereich des Hoch- und Tiefdrucks. Die höchsten Anteile moderner Maschinen finden sich dagegen in den Sektoren Satzherstellung (mit Ausnahme der manuell gesteuerten Zeilengußmaschinen), Reproduktion sowie Offsetdruck. Ganz generell kann gesagt werden, daß sich die bedeutendsten technischen Veränderungen der letzten Jahre in den Bereichen Satzherstellung und Reproduktion sowie Druckformenherstellung vollzogen haben. Der bestimmende Faktor dieser Entwicklung war dabei der zunehmende Einsatz der Elektronik. Hinzu kommen Einflüsse aus der chemischen Industrie hinsichtlich neuer Materialien für Reproduktion und Druckformherstellung. Dagegen sind die technischen Veränderungen beim eigentlichen Druckvorgang relativ bescheiden; sie erstrecken sich in erster Linie auf höhere Arbeitsgeschwindigkeiten und verbesserte Qualität, ohne dabei Veränderungen der technischen Grundprinzipien zur Folge zu haben.

Die den Satzbereich seit mehreren Jahren beherrschende Grundtendenz ist die Ablösung des Bleisatzes durch den Fotosatz. Die Verwendung des Fotosatzes hat dazu geführt, daß Texterfassung und Textverarbeitung arbeitsteilig immer mehr getrennt werden. Hierbei war die Entwicklung rechnergesteuerter Textsysteme sowie die hohen Belichtungsleistungen der Fotosetzmaschinen ursächlich. Außerdem geht der Trend zur immateriellen Bearbeitung der Korrekturen, d.h. Text und Korrektur werden im Rechner zusammengeführt. Bei den reinen Texterfassungsgeräten wird der ausschließende *Perforator* – der Text wird auf einen Datenträger (Lochstreifen) geschrieben und in die Setzmaschine eingegeben – zunehmend vom Endlos-Perforator abgelöst; allerdings waren 1977 noch doppelt so viel ausschließende Perforatoren wie Endlos-Perforatoren im Einsatz (vgl. Tabelle 47). Bei den kombinierten Texterfassungs- und Korrekturgeräten dominiert das Bildschirmterminal; sein Bestand ist in der Druckindustrie fast siebenmal so hoch wie derjenige von Geräten ohne Bildschirm.

Neuere Versionen von Texterfassungsgeräten sind die *Magnetbandtastgeräte*, die als Datenträger Magnetbandkassetten verwenden. Ihre zahlenmäßige Verbreitung ist im Vergleich zu den Perforatoren noch gering, nimmt aber rasch zu.

In jüngster Zeit spielt auch die *OCR-Technik* (OCR = Optical Character Recognition) eine Rolle in der Texterfassung. Die OCR-Lesemaschinen sind in der Lage, in Klarschrift geschriebene Manuskripte zu lesen und die Informationen auf Datenträger auszugeben. Sie arbeiten dabei nach dem System der Belegleser aus der kommerziellen Datenverarbeitung. Der Bestand dieser Geräte in der Druckindustrie ist bisher noch gering, dürfte aber in Zukunft wieter zunehmen.

---

[20] Dabei ist zu berücksichtigen, daß bei diesen Maschinen älterer Bauart auch technische Verbesserungen vorgenommen worden sein dürften.

Die Anfänge der *Fotosetzmaschinen* reichen noch bis ins vorige Jahrhundert zurück; erst mit dem Fortschritt in der Computertechnik konnten sie ihren entscheidenden Durchbruch erzielen. Bei diesen Geräten gibt es – im Gegensatz zum Bleisatz – keine körperhaft gegossenen Schriftzeichen mehr. Zu unterscheiden sind Fotosetzgeräte und Fotosetzsysteme. Erstere dienen der Herstellung von Titelsatz und kleineren Satzmengen. Bei den Fotosetzsystemen spricht man einmal von Kompaktsystemen. Bei ihnen sind Erfassung, Verarbeitung und Ausgabe in ein kompaktes System integriert, d.h. diese Arbeitsschritte sind entweder in einem gemeinsamen Gehäuse oder durch eine starre Verbindung zusammengeschlossen. Kompaktsysteme arbeiten mit oder ohne Datenträger. Bei den Verbundsystemen wird unterschieden in On-line-Systeme und Off-line-Systeme. Die Hardware dieser Systeme ist untergliedert in Geräte und Maschinen zur Erfassung, Verarbeitung und Ausgabe, dabei umfaßt der Bereich der Verarbeitung die Verarbeitung des Textes wie Ausschließen, Silbentrennung, Korrektur, Gestaltung, Speicherung und erforderliche Zwischenausgaben mittels eines Rechners. Zum Bereich der Ausgabe zählt lediglich die reine Belichtungseinheit, dies können optomechanische Belichtungseinheiten, Kathodenstrahl-Belichtungseinheiten und Laserbelichtungseinheiten sein.

Geht man von den Bestandszahlen (vgl. Tabelle 47) aus, so sind die Fotosetzgeräte bereits sehr stark vertreten, dagegen dürfte bei den Fotosetzsystemen (Kompaktsysteme, Verbundsysteme) der Schwerpunkt der Installationen erst in den nächsten Jahren liegen. Grundsätzlich ist festzustellen, daß sich das Leistungsvermögen im Bereich der maschinellen Satzherstellung wesentlich gesteigert hat und sich aufgrund des Trends zum Fotosatz vermutlich noch weiter steigern wird.

Ähnlich wie im Fotosatz dringt auch die Elektronik in der *Reprotechnik* weiter vor. Die konventionelle Reprotechnik (Farbauszugsgeräte, Kameras, Kontaktkopiergeräte) wurde durch den Einsatz der Mikroelektronik bei der Belichtungs- und Programmsteuerung wesentlich leistungsfähiger. Der fortschreitende Trend zur elektronischen Steuerung läßt auch die notwendige Standardisierung in der Technik voranschreiten. Neben der konventionellen Technik hat der Scanner – als typischer Vertreter der reinen Elektronik – ständig an Bedeutung gewonnen. Die neueren elektronisch arbeitenden Farbauszugsgeräte tasten die Vorlage ab, wandeln die Informationen in digitale Signale um und schreiben den einzelnen Farbauszug mittels Laserstrahl auf Film.

Im Bereich der *Druckformherstellung* zielen die Entwicklungen auf die immaterielle Zusammenführung von Text und Bild und deren Direktübertragung auf die Druckplatte, also unter Ausschaltung von Film und Montage. Beispielsweise schreibt bei der neuesten Entwicklung ein vom Rechner gesteuerter Laserstrahl ganze Zeitungsseiten direkt auf die Offsetplatte.

Das starke Vordringen des Flachdrucks wurde vor allem durch die Weiterentwicklung der *Druckformen* begünstigt. Sie erreichen heute bereits eine kaum mehr überschaubare Vielfalt. Hier richtet sich die Entwicklung vor allem auf Platten für den wasserlosen Offsetdruck sowie auf Verfahren, die den direkten Weg zur Offsetplatte unter Ausschaltung der Montage einer Kopiervorlage und der Offsetkopie ermöglichen. Bei den neuesten Versuchen schreibt ein Laserstrahl ganze Zeitungsseiten nicht mehr nur auf einen Ganzseitenfilm, sondern direkt auf die Druckplatten.

Die geschilderten Entwicklungen, insbesondere in ihrer „idealen" Form als integriertes System mit erheblichen Personal- und Materialeinsparungen, sind heute noch schwerpunktmäßig auf Zeitungsredaktionen und -druckereien zugeschnitten. Bei Zeitschriften und Büchern sind derzeit erst „Bruchstücke" dieses Gesamtsystems wirtschaftlich interessant; das gleiche gilt in weiter abgeschwächter Form für das Feld des Akzidenzdrucks. Schließlich sind erst bei etwa einem Viertel der befragten Druckereien[21] Texterfassungsgeräte on- oder off-line im Einsatz, der sich allerdings in den nächsten drei Jahren kräftig erhöhen soll. OCR-Geräte nutzen erst 7 % der Betriebe. Immerhin arbeiten in der Druckindustrie noch weit über 4000 manuelle Zeilengußmaschinen. Sieht man von den Großbetrieben ab, so werden sich die technischen Veränderungen nur sehr langsam vollziehen. Die kleineren und kleinsten Betriebe sind hier nicht nur häufig vom Kapitalbedarf her überfordert, sie stehen auch vor erheblichen Schwierigkeiten bei der völligen Reorganisation ihres Arbeitsablaufs, die mit der Einführung dieser neuen Techniken verbunden ist. So steht zu vermuten, daß vor allem die großen Betriebe unter dem Zwang des Wettbewerbs die neuen Verfahren übernehmen und daß die hohe Produktivität dieser Techniken dazu führen wird, daß die Marktchancen kleinerer Betriebe geringer werden. Ihre Chance liegt dann darin, solche Marktnischen zu erkennen, die von den hochautomatisierten Betrieben wegen uninteressanter Losgrößen oder spezieller Qualitätsanforderungen nicht bedient werden (können).

---

[21] BVD-Umfrage 1978.

VI. Entwicklungsperspektiven der Druckindustrie

1. Einfluß neuer Technologien

a) Übersicht

Es ist unbestritten, daß Volumen aber auch Bedeutung von Informationen ständig zunehmen. Der Informationsaustausch hat sich beschleunigt, der Bedarf nach leistungsfähigen Speichern mit der Möglichkeit eines schnellen Zugriffs ist gewachsen. Der Druck, der aus der manuellen Aufzeichnung hervorgegangen ist, verwendet charakteristischerweise als Informationsträger das Papier oder zumindest papierähnliche Stoffe. Die Verteilung, vor allem aber die Aufbewahrung von auf Papier gespeicherten Informationen wird mit wachsenden Quantitäten immer problematischer; durch die Einführung und Verbreitung neuartiger Kommunikationstechniken ist nun das traditionelle Gefüge des Informationssystems im Begriff, sich grundlegend zu ändern. Neben die gedruckten Medien sind elektronische und Mikrofilmtechniken getreten. „Wenn also danach gefragt wird, wie sich die Druckmedien weiterentwickeln könnten, ist es nicht nur falsch, sondern sogar hoffnungslos, dazu einzig und allein das System der Drucktechniken zu analysieren."[1] Es ist aber derzeit kaum möglich, die teilweise noch „in statu nascendi" befindlichen neuen Techniken hinsichtlich Ausbreitungsgeschwindigkeit und Einfluß zu prognostizieren, ohne sich auf Spekulationen zu beschränken. Hier sollen vielmehr beispielhaft einige der wichtigsten Technologien, die die künftige Nachfrage nach Druckleistungen beeinflussen können, dargestellt und hinsichtlich ihres potentiellen Einflusses beurteilt werden.

Ganz generell kann festgestellt werden, daß die neuen Technologien in erster Linie den Markt der „Wegwerfkommunikationsmittel"[2] beeinflussen werden.

Dazu, also zur Gruppe der nur „kurzfristig lebenden" Druckerzeugnisse, gehören vornehmlich Zeitungen, Zeitschriften sowie ein Teil der Geschäftspapiere (z.B. bedruckte Briefumschläge, Formulare). Typische Vertreter der dauerhaften Kommunikationsmittel sind die Bücher.

---

[1] K.-A. Springstein, Veränderungen und Fortschritte der Kommunikations-Technologien und ihre Einflüsse auf die Druckmedien und den Papiermarkt, in: Europa Birkner Marketing Report, Band 1, Papiermarktforschung, Hamburg 1978, S. 252.

[2] Ebenda, S. 262.

b) Neue Telekommunikationstechniken unter Verwendung des TV-Geräts

Die „Bildschirmzeitung" basiert auf der Idee, die vertikale Austastlücke des Fernsehens zur Übertragung zusätzlicher Informationen zu nützen. Sie benutzt also das Fernsehsignal als Informationsträger, ist jedoch im übrigen vom Fernsehprogramm unabhängig. Der Empfänger benötigt dazu in seinem Fernsehgerät eine Zusatzbaugruppe, die diese Textinformation aus dem Fernsehsignal ausfiltert und in ein Fernsehschriftbild umwandelt. Am weitesten entwickelt ist dieses Informationssystem in Großbritannien. Die dortigen Subsysteme CEFAX (= see facts) der BBC und ORACLE (Optional Reception of Announcements by Coded Line Electronics) der IBA (Independent Broadcoasting Authority) wurden unter der Bezeichnung „Teletext" harmonisiert. Seit 1974 gibt es dort (Versuchs-)Sendungen. In der Bundesrepublik wird für dieses Informationssystem die Bezeichnung „Videotext" verwendet. Auf der Funkausstellung 1977 in Berlin wurde vom Bundesverband Deutscher Zeitungsverleger Bildschirmzeitung vorgestellt, ein Verfahren, das Videotext entspricht und mit britischer Hilfestellung ermöglicht wurde. Auch die Rundfunkanstalten zeigten dort an einem Gemeinschaftsstand Probesendungen im Videotext-Verfahren.

Da Videotext ein reines Informationsverteilungssystems ist, sind Interaktionen zwischen Empfängern und Informationsgebern nicht möglich. Der Empfänger ruft mittels einer Bedienungstastatur diejenigen Informationen auf seinen Bildschirm, die ihn interessieren. Diese bleiben solange sichtbar, bis er „weiterblättert" oder auf das Fernsehprogramm zurückschaltet. Besonders geeignet für diese Übertragung sind Kurzinformationen mit dem Vorteil der ständigen Aktualisierbarkeit wie Nachrichten, Veranstaltungshinweise, Wetterbericht und ähnliches. Die Benutzung des Fernsehsignals als Übertragungsmedium bietet einige Nachteile: Die Übertragungskapazität ist relativ gering, die Nutzungsmöglichkeit ist an die Ausstrahlung des Fernsehprogramms gebunden und eine Interaktion Teilnehmer-Sender ist nicht möglich. Daher lag es nahe, andere Nachrichtenkanäle, insbesondere das Fernmeldenetz, zur Übertragung von Bildschirmtexten heranzuziehen.

Auch hier gingen die ersten Untersuchungen von Großbritannien aus, wo die britische Postverwaltung das System „Viewdata" entwickelte (neuer Name „Prestel"). Als deutsche Bezeichnung hat sich „Bildschirmtext" durchgesetzt. Für diese Kommunikation sind erforderlich: Auf der Benutzerseite ein Zusatzgerät (Decoder), entweder zusätzlich zum vorhandenen Fernsehgerät oder in dieses bereits eingebaut, sowie ein weiteres Zusatzgerät (Modem) zur Ankopplung an das Fernsprechnetz. Auf der Senderseite sind an zentralen Punkten des Fernsprechnetzes Bildschirmtext-Zentralen einzubauen. Auf diese Weise kann der Teilnehmer über seinen Anschluß entweder in den Dialog mit einer derartigen Zentrale oder einer Datenbank eintreten oder auch aufgrund der Dialogfähigkeit des Systems selbst Informationen eingeben oder Mitteilungen an andere

Teilnehmer übermitteln[3]. Die Übersicht in Abbildung 3 zeigt eine Darstellung der Möglichkeiten, die „Bildschirmtext" bietet. Neben den Leistungen von Videotext (im wesentlichen Anwendungskategorie 1.1 in Abb. 3) wird über Bildschirmtext eine nahezu totale Kommunikation, der Übergang zur „Kommunikationsgesellschaft"[4] möglich. Dies wäre insbesondere dann der Fall, wenn eine weitere Form der Telekommunikation, nämlich „Kabeltext", realisiert würde. Bei „Kabeltext" handelt es sich – im Gegensatz zu Videotext und Bildschirmtext – um Kommunikationseinrichtungen auf Basis noch nicht vorhandener, also erst zu schaffender, Kabelnetze. Diese hochleistungsfähigen Netze können pro Sekunde beispielsweise etwa den Inhalt einer ganzen Tageszeitung übertragen. Der Aufbau eines derartigen Breitbandkabelnetzes ist jedoch mit einem erheblichen Zeit- und Kostenaufwand verbunden.

Die Auswirkungen der neuen Telekommunikationstechniken in ihren verschiedenen Erscheinungsformen auf die gedruckten Medien sind außerordentlich schwierig zu beurteilen[5]. Bisher konzentrierten sich die Diskussionen um dieses neue Informationssystem vor allem auf die rechtlichen Fragen der Trägerschaft, der Betreibung und der Nutzungsmöglichkeiten[6]. Die Befürchtungen der Zeitungsverleger richten sich in erster Linie auf die Konkurrenz der „Bildschirmzeitung" bei Nachrichten und Werbung im lokalen Bereich, die bisher die Domäne der Zeitungen waren und auch von Rundfunk und Fernsehen nicht ernstlich bedroht wurden. Sie fordern nicht zuletzt auch deswegen eine Beteiligung an dem neuen System; verschiedene Modelle dafür wurden bereits entwickelt. In den verschiedensten Stellungnahmen dominieren dabei die medienpolitischen Aussagen, eine Abschätzung der Einflüsse auf das Druckvolumen findet sich in den vorliegenden Untersuchungen nicht. So wird nur lapidar festgestellt: „Selbst unter Berücksichtigung von Diversifikationsmöglichkeiten werden Zeitungsverlage künftig nicht mehr zu den klassischen Wachstumsbranchen gehören. ... Mit größeren Auflagenzuwächsen – bei stagnierender Bevölkerung – oder der Erschließung neuer Anzeigenmärkte ist kaum zu rechnen. Vor diesem Hintergrund wird der Ruf der Zeitungen nach Nutzung der elektronischen Medien begreiflich."[7] Angesichts der noch bestehenden Unsicherheiten[8] hinsichtlich

---

[3] Seit Januar 1979 beteiligte sich der Bundesverband Druck an den Versuchen mit Bildschirmtext.

[4] K.-A. Springstein, S. 256.

[5] Die Kommission der Europäischen Gemeinschaften hat beispielsweise auf eine diesbezügliche Anfrage (Nr. 1007/78) am 22.3.1979 die Antwort erteilt: „Die Kommission ist beim gegenwärtigen Stand der Dinge nicht in der Lage, mit ausreichender Genauigkeit auf die ... aufgeworfenen grundsätzlichen Fragen zu antworten."

[6] Insbesondere besteht eine Kontroverse zwischen Rundfunkanstalten und Zeitungsverlegern darüber, ob die Bildschirmzeitung eine Darbietungsform der Presse ist oder nicht.

[7] Bundesverband Deutscher Zeitungsverleger e.V. (Hrsg.), Jahresbericht 1977, Bonn 1978, S. 6.

[8] So konstatierte die Bundesregierung auch in ihrem Bericht über die Lage von Presse und Rundfunk Ende 1978, daß sie sich dieser Problematik bewußt sei, die Diskussion jedoch noch in den Anfängen stecke (Bundestagsdrucksache 8/2264).

Anwendungskategorien und -beispiele von Bildschirmtext — Abb. 3

Anwendungskategorien		Anwendungsbeispiele
1.	Informationen für mehrere	Aktuelle Übersichtsinformationen
1.1	Abrufinformationen für alle Teilnehmer	– Nachrichten, Sport, Wirtschaft, Lokales, Notdienste, Lotto/Sport Informationen von Behörden – Besuchszeiten, Sitzungstermine von kommunalen Parlamenten, lokale Verordnungen, Verzeichnisse (Adressen, Straßen, Tarife und Gebühren) Informationen für Verbraucher – Marktübersichten, Verhaltenstips und sonstige Beratung Informationen über Reisen und Verkehr – Zimmernachweis, Urlaubsreisen, Reisewetter, Wandervorschläge, Fahrplanauskünfte Informationen über kulturelle und sonstige Veranstaltungen – Theater- und Konzertprogramme, Filmprogramme, lokaler Veranstaltungskalender, Bestseller und Neuveröffentlichungen Informationen der Wirtschaft – Branchenverzeichnis, Konditionen, Kurse (Devisen, Papiere, Rohstoffe) Informationen für Haushalte – Hobby, Rezepte, Kleinanzeigen, Verkaufsangebote, Immobilien, Stellenangebote
1.2	Abrufinformationen für Teilnehmergruppen	Informationen für gewerbliche Verbraucher – Hersteller-, Bezugsquellenverzeichnis, interne Fernsprechauskunft Informationen für Freiberufe – Ärzte (Medikamentenverzeichnis, Kurmöglichkeiten), Apotheken, Rechtsanwälte (Rechtsauskünfte), Steuerberatung Informationen für Mitglieder in Vereinen, Clubs – Veranstaltungshinweise, Wahlergebnisse, Satzungsänderungen
1.3	Mitteilungen an mehrere Teilnehmer	Hinweise – Geschäftseröffnungen, Mitgliederversammlungen, Zahlungstermine, Mahnungen, Mitteilungen an Klienten und Patienten
2.	Informationen für den einzelnen	
2.1	Mitteilung eines anderen Teilnehmers	Glückwunsch- und Grußkarten, Verabredungen, briefliche Mitteilungen, Spiele mit Partnern
2.2	Mitteilung von mehreren Teilnehmern	Warenbestellungen, Reservierungen, Buchungen, Schadensmeldungen
2.3	Abrufinformationen persönlicher Art	Kontostand, persönlicher Terminkalender
3.	Dialog mit dem Rechner	
3.1	Rechendienstleistungen	Mathematische Berechnungen, programmgeführte Berechnungen (Kalkulationen, Renten, Finanzierungen, Steuererklärung)
3.2	Bildung, Tests	Kurse zur Aus- und Weiterbildung, IQ-Tests, Eignungstests
3.3	Computerspiele	Labyrinth

Quelle: Deutsche Bundespost (Hrsg.): Bildschirmtext, Beschreibung und Anwendungsmöglichkeiten, Bonn 1977, S. 21.

einer potentiellen Beeinträchtigung der Absatzchancen von gedruckten Medien (Zeitungen) kann hier nur spekulativ angenommen werden, daß bis Mitte der achtziger Jahre noch keine nennenswerten Einflüsse spürbar werden. Dies gilt unter der Annahme, daß die Erprobung und technische Realisierung, aber auch die Einigung über die anstehenden rechtlichen Probleme noch einen längeren Zeitraum erfordern und die kommerzielle Anwendung auf breiter Basis erst Ende der achtziger/Anfang der neunziger Jahre erfolgen wird.

c) Fernkopieren

Die nachrichtentechnische Übermittlung von Schrift- oder Bildvorlagen mit Ausgabe einer „hard copy" am Empfangsort ist ein bereits seit Jahrzehnten bekanntes und genutztes Verfahren[9]. Bisher wurde es vornehmlich für Spezialaufgaben eingesetzt, wie z.B. die Verbreitung von Wetterkarten, Pressefotos, polizeilichen Fahndungsunterlagen und dergleichen. Damit handelt es sich eigentlich nicht um eine „neue Technologie". Neu ist daran nur, daß durch die Entwicklung neuerer und billigerer Geräte mit einer wesentlich verbesserten Qualität der hard copies der Durchbruch zu einem Massenkommunikationsmittel erwartet werden kann. Bei den heute handelsüblichen Geräten erfolgt die Übertragung blattweise über Fernsprech-, seltener über Standleitungen. 1975 wurde die Zahl der in der Bundesrepublik installierten Faksimilegeräte (Fernkopierer) auf etwa 3000 geschätzt[10]. Heute dürften es fast 6000 sein. Bisher war eine der Hauptschwierigkeiten, daß die Geräte untereinander häufig nicht kompatibel waren. Seit 1.1.1979 dürfen jedoch nur noch solche Geräte auf den Markt kommen, die international festgelegten Normen entsprechen. Zunächst sind nur solche Geräte zugelassen, die eine Übertragungsgeschwindigkeit von 3 Minuten je DIN A 4-Seite haben, es gibt jedoch auch bereits Geräte, die dazu nur eine Minute benötigen. Die Deutsche Bundespost hat jüngst einen speziellen Fernkopier-Dienst, den Telefax-Dienst, eingeführt[11].

Fernkopierer sollen zusammen mit Fernschreibern der Deutschen Bundespost ermöglichen, die wachsende Briefflut zu bewältigen und be- oder entstehende personelle und finanzielle Barrieren zu überwinden. Die Kommunikation soll „vom Postsack auf den Draht" verlegt werden. Dies bringt den Vorteil mit sich, daß der materielle Transport reduziert wird. Außerdem wird sichergestellt, daß der Empfänger die Post innerhalb weniger Minuten mit Sicherheit erhält.

---

9 Bereits um die Mitte des vorigen Jahrhunderts wurde der erste „Kopiertelegraph" entwickelt. 1927 wurde für Deutschland (zwischen Berlin und Wien) der erste regelmäßige Bildübertragungsdienst in Betrieb genommen.

10 Telekommunikationsbericht, Anlagenband 1, S. 80

11 Anfang der achtziger Jahre soll das sogenannte Teletext-System hinzukommen, das sich des Telexnetzes bedient, den vollen Zeichenvorrat einer Büroschreibmaschine benutzt sowie auf der Eingabeseite einen Speicher zum Redigieren und Korrigieren besitzt.

Schätzungsweise 6,3 Milliarden der 1977 in der Bundesrepublik beförderten 11,5 Milliarden Briefsendungen, d.h. reichlich 50 %, werden von Inhalt und Format für elektronisch übertragbar gehalten.

Grundsätzlich kann davon ausgegangen werden, daß private Haushalte sich die relativ teuren Endgeräte des Fernkopierens (und des Bürofernschreibens) nicht anschaffen werden. Hier könnte höchstens an eine elektronische Übermittlung der Inhalte von Postamt zu Postamt gedacht werden. So wird sich der künftige Bedarf nach elektronischer Briefübertragung vor allem auf die Geschäftskommunikation erstrecken, weil dort der herkömmliche Briefverkehr mit seinem hohen Personalkostenanteil und unter Berücksichtigung der Gemeinkosten weniger wirtschaftlich ist[12].

Im Gegensatz zum Bürofernschreiben wird beim Fernkopieren der Text nicht für den Kommunikationsvorgang erstellt, sondern ist als Bildvorlage (z.B. als handschriftlich oder mit der Schreibmaschine angefertigter Brief, als Zeichnung, Tabelle, Vordruck u. dgl.) bereits vorhanden. Das Fernkopieren ersetzt also lediglich den Übermittlungsvorgang. Aus diesem Grunde kann der Einfluß dieser neuen Technologie auf die Nachfrage nach Druckerei-Erzeugnissen relativ gering veranschlagt werden. Auswirkungen können lediglich auf Teile der Geschäftspapiere erwartet werden.

Ein Sonderfall des Fernkopierens ist die „Faksimile-Zeitung". Sie wird von der Idee getragen, das teure und personalintensive Vertriebssystem für Tageszeitungen einzusparen und stattdessen den Zeitungsinhalt dem Empfänger elektronisch zu übermitteln, der ihn als hard copy morgens seinem Faksimile-Gerät entnehmen kann. Bereits Mitte der vierziger Jahre wurden in den USA derartige Übertragungen durchgeführt, diese aber ebenso wegen zu hoher Kosten eingestellt wie neuere Versuche in Japan. Bei einer Umfrage in der Bundesrepublik stieß diese Kommunikationsform zudem auf ein nur geringes Interesse[13]. Die Kommission für den Ausbau des technischen Kommunikationssystems kommt denn auch zu dem Schluß, daß die Faksimile-Zeitung eine zwar technisch mögliche Telekommunikationsform darstellt, die jedoch in absehbarer Zeit wirtschaftlich nicht realisierbar ist[14].

d) Mikroverfilmung

Die Mikroverfilmung ist ein seit langem bekanntes Verfahren. Für viele Unternehmen und Verwaltungen bietet es die beste Möglichkeit, der zunehmenden Papierflut Herr zu werden. Es fand insbesondere dort Anwendung, wo ein extrem hoher Beleganfall stattfindet (Banken, Versicherungen etc.). In den letz-

---

[12] Telekommunikationsbericht, S. 97.
[13] Telekommunikationsbericht, Anlagenband 1, S. 95 f.
[14] Telekommunikationsbericht, S. 101.

ten Jahren wurde durch neue oder verbesserte Geräte sowohl die Verfilmungsgeschwindigkeit (bis zu 20 000 Belege stündlich werden in schnellaufenden Durchlaufkameras verfilmt) als auch die Zugriffsgeschwindigkeit beträchtlich erhöht. Solange es sich dabei nur darum handelte, Akten und Belege vor Verlust oder Beschädigung zu schützen oder den Raumbedarf der Ablage zu vermindern, war die Druckindustrie von diesen Entwicklungen praktisch nicht betroffen, denn die verfilmten Unterlagen waren ja zunächst als Druckerzeugnis (z.B. Formular) entstanden. In dem Maße, in dem der Mikrofilm die gedruckte Information jedoch substituierte, wurden die Marktchancen der Drucker beeinträchtigt. Dies illustriert ein Beispiel aus der Automobilindustrie in der Bundesrepublik, die ihre gedruckten Ersatzteilkataloge durch Mikrofilm-,,Kataloge" ersetzt hat. Allein bei einer Firma müssen die 270 Teilekataloge mit jeweils rund 300 Seiten und einer Auflage von über 5000 Stück viermal im Jahr nun nicht mehr gedruckt werden. Ähnliche Umstellungen wurden auch von vielen Großunternehmen des Maschinenbaus und der Elektrotechnik vorgenommen.

In den nächsten Jahren erwartet man auf dem Sektor des Mikrofilms zweistellige Zuwachsraten. Fachleute halten es für möglich, daß in steigendem Maße Adreßbücher, Kataloge, wissenschaftliche Bücher und Zeitschriften auf Mikrofilm erscheinen werden und damit der Druckindustrie weitere Märkte verloren gehen. ,,Über eine lange Zeit hinweg wurde der Mikrofilm (zwar) als eine stärkere, sich (aber nur) langfristig durchsetzende Bedrohung der Papier- und Druckindustrie angesehen. Jetzt allerdings, nachdem die Probleme der Anlagekosten, der Systemkompatibilität gelöst wurden, gibt es sichere Anzeichen dafür, daß es sich um eine akute Bedrohung handelt."[15] Insbesondere wird sich die Verbreitung von direkt auf Mikrofilm aufgezeichneten Computer-Daten beschleunigen. So ist zu erwarten, daß sich der Bestand dieser COM-Anlagen (COM = Computer Output on Microfilm) in der Bundesrepublik allein von 1977-1980 nahezu verdoppeln wird. Allerdings ist der Einsatz von COM heute erst bei einem Anfall von etwa 10 Millionen Mikrobildern pro Jahr wirtschaftlich.

e) Kopieren

Die Kopiertechnik hat in den letzten zehn Jahren erhebliche technische Verbesserungen erfahren, insbesondere das Kopieren auf Normalpapier hat dieser Vervielfältigungsform beachtliche Zuwachsraten gebracht. Für 1972 wurde beispielsweise ein Marktvolumen von rund 7 Milliarden Kopien für die Bundesrepublik geschätzt; für 1978 kommen Marktuntersuchungen bereits auf ein Volumen von mehr als 20 Milliarden Kopien. Studien, die der Börsenverein des deutschen Buchhandels durchführen ließ, haben ergeben, daß allein im Jahre 1978 mehr als 1,7 Milliarden Kopien aus wissenschaftlichen und Fachzeitschriften

---

[15] I. R. Mikulski, Einflüsse technologischer Veränderungen auf das Marketing der Papierindustrie, in: Europa Birkner Marketing Report, Band 1, S. 294.

entnommen wurden, die rund 28 Millionen Zeitschriftenheften im Umfang von 64 Seiten entsprechen. Weitere 1,6 Milliarden Kopien stammten aus deutschen wissenschaftlichen und Fachbüchern, entsprechend 10 Millionen Büchern mit einem Durchschnittsumfang von 160 Seiten. Aus sonstigen deutschen Büchern, Zeitungen und Zeitschriften wurden 1978 ca. 900 Millionen Seiten und aus ausländischen Publikationen weitere rund 600 Millionen Seiten kopiert[16].

Zweifellos kann nicht unterstellt werden, daß bei einem generellen Kopierverbot das Druckvolumen entsprechend steigen würde. Immerhin liegt die Vermutung nahe, daß angesichts dieses gewaltigen, dazu noch im Steigen begriffenen Kopiervolumens die Absatzchancen gedruckter Medien beeinträchtigt werden. Nach Untersuchungen des Börsenvereins sollen die Verkaufsauflagen wissenschaftlicher und Fachzeitschriften bei mehr als der Hälfte der befragten Verlage im Zeitraum 1965-1976 rückläufig gewesen sein, obwohl im gleichen Zeitraum das Leserpotential (z.B. Studenten, Fachhochschüler, Rechtsanwälte, Ärzte) außerordentlich stark gestiegen ist. Es wird bereits ein Übergang vom Abonnieren zum Kopieren konstatiert[17].

f) Einfluß der Behörden- und Hausdruckereien

Hierbei handelt es sich in erster Linie nicht um eine Beeinträchtigung der Nachfrage nach Erzeugnissen der Druckindustrie durch neue Technologien, wenn auch die Zunahme der Behörden- und Hausdruckereien[18] durch die Entwicklung von preiswerten und einfach zu bedienenden Druckmaschinen begünstigt wurde. In diesen Druckereien wird ein beachtliches Druckvolumen erstellt: Fachleute aus dem Zulieferbereich der Druckindustrie schätzen, daß dieses statistisch nicht erfaßte Volumen bezogen auf den Umsatz der Druckindustrie etwa 30 % ausmacht. 1975 standen in mehr als 5000 Betrieben der deutschen Industrie Klein-Offsetanlagen, auf denen interne Informationen, Rundschreiben, Vordrucke, Berichte und Prospekte in zum Teil beachtlichen Auflagen gedruckt wurden. Lange Zeit konnten diese Hausdruckereien in aller Regel lediglich schreibmaschinenbeschriftete, gezeichnete oder im Kontakt- und Reproverfahren gewonnene Offsetfolien von bereits bestehenden Druckvorlagen verarbeiten, da eine eigene Setzerei unwirtschaftlich war.

Während normale Schreibmaschinen typografisch unbefriedigende Ergebnisse liefern, haben die neuentwickelten Schreibsetzmaschinen durch entsprechende

---
16 Geltendes Recht verfassungswidrig, in: Börsenblatt Nr. 76 vom 22.9.1978, S. 1951 ff. Auf die mit diesen Kopien verbundenen urheberrechtlichen Probleme sei in diesem Zusammenhang nur hingewiesen.
17 Ebenda, S. 1953.
18 Regiedruckereien sind staatliche Druckereien, Hausdruckereien sind Druckereien solcher Firmen, die nicht zur Druckindustrie zählen. Die Tätigkeit beider Druckereiarten vermindert das statistisch erfaßte Druckvolumen des Druckgewerbes. Die Zahl der Regie- und Hausdruckereien in der Bundesrepublik wird von Fachleuten auf 15 000 geschätzt.

Einrichtungen (Blocksatzeinrichtungen, auswechselbare Kugelköpfe für verschiedene Schriftbilder, elektronische Arbeitsspeicher) dazu geführt, daß auch deren Vervielfältigung in drucktechnisch einwandfreier Qualität wirtschaftlich erstellt werden können. Die Folge ist, daß in zunehmendem Maße vor allem den kleineren Druckereien Aufträge verloren gehen.

Ein spezielles Problem sind die Behördendruckereien, die nicht nur Behördenaufträge ausführen, sondern zur Kapazitätsauslastung auch Aufträge anderer Kunden übernehmen und damit die Marktchancen der Druckindustrie beeinträchtigen. Die Druckindustrie versucht auf dem Verhandlungswege, hier eine Art Selbstbeschränkung zu erreichen[19].

2. Vorausschätzung der Produktion von Druckereierzeugnissen

Einer der häufig beschrittenen Wege zur Vorausschätzung der Produktion eines Sektors besteht darin, von einer Prognose der relevanten Inlandsversorgung bzw. des Verbrauches im Inland auszugehen. Daneben wird versucht, Vorstellungen über den künftigen Außenhandel zu gewinnen, woraus sich entsprechend der Beziehung

Inlandsversorgung – Import + Export = Produktion

die Produktion schätzen läßt. Im Falle der Druckindustrie ist dieser Weg jedoch nicht gangbar. Eine Zeitreihe der Inlandsversorgung ist wegen der unterschiedlichen statistischen Abgrenzung von Außenhandel und Produktion kaum berechenbar. Hier sei noch einmal darauf hingewiesen, daß bei den Außenhandelswerten jeweils der verlegerische Anteil eingeschlossen ist, während bei den Produktionswerten nur die reine Druckleistung erfaßt wird. Außerdem enthalten die Außenhandelswerte einiger Druckerzeugnisse auch Beiträge aus benachbarten Industriebereichen, wie z.B. Buchbindearbeiten (Papierverarbeitung) bei Büchern.

Nachdem es nun nicht möglich ist, Exporte und Importe explizit bei der Vorausschätzung zu berücksichtigen, bleibt nur der Ausweg, sich auf die Schätzung der Produktion zu beschränken. Bei einem derartigen Vorgehen wird der Außenhandel nicht gänzlich vernachlässigt, vielmehr wird unterstellt, daß sich Importe und Exporte in Relation zur Produktion so entwickeln, wie dies in der Stützperiode (1962-1978) der Fall war.

Als Indikator für die Produktion der Druckindustrie erwies sich der Index der Nettoproduktion als besonders geeignet. Da für diese Branche der Nettopro-

---

[19] Ein derartiges Abkommen wurde beispielsweise 1978 in Bayern getroffen, wo die über 140 staatlichen Druckereien sich auf den Druck einfachster Erzeugnisse beschränken und Kapazitäten abbauen wollen. Die übrigen Druckarbeiten sollen wieder an private Firmen vergeben werden.

duktionsindex mit den preisbereinigten Umsätzen fortgeschrieben wird, sind hier Produktion und realer Umsatz außerdem nahezu identisch.

Zunächst wurde nach einer Variablen gesucht, die in der Vergangenheit die Entwicklung der Druckindustrie gut erklärt. Angesichts der breit gestreuten Einsatzgebiete von Druckerzeugnissen boten sich hier das reale Bruttoinlandsprodukt und die industrielle Nettoproduktion an. Mit Hilfe der Korrelationsanalyse wurde festgestellt, welche dieser beiden Variablen und welcher Funktionstyp die bessere Anpassung an die tatsächliche Entwicklung lieferte. Als Ergebnis dieser Berechnungen ergab sich, daß die Heranziehung der gesamtindustriellen Produktion die statistisch besser abgesicherten Resultate liefert. Dies gilt sowohl hinsichtlich des Bestimmtheitsmaßes (R^2) als auch hinsichtlich der Prüfung auf Autokorrelation[20].

Eine Darstellung der mit der erklärenden Variablen „Industrieproduktion" getesteten Ansätze zeigt Tabelle 48. Mit Ausnahme des Ansatzes

$$ln\ y = a + b\ x$$

liefern alle Tests zufriedenstellende Ergebnisse. Die Entscheidung für einen Funktionstyp ist also von ökonomischen Überlegungen abhängig zu machen. Als Entscheidungskriterium bietet sich die Elastizität der Druckproduktion in bezug auf die Produktion der Gesamtindustrie an. Die Entwicklung dieser Elastizität über die Stützperiode wurde mit Hilfe von gleitenden Regressionen ermittelt. Die 13 Regressionsgleichungen weisen aus, daß der Elastizitätskoeffizient, der bei einem doppel-logarithmischen Ansatz, wie er hier verwendet wurde, dem Regressionskoeffizienten b entspricht, relativ konstant in der Nähe von 1 liegt. Dies gilt insbesondere für den letzten Teil der Stützperiode. Die Vergangenheitsentwicklung wird also recht gut durch einen doppel-logarithmischen Ansatz beschrieben. Dafür, daß dieser Zusammenhang auch im Prognosezeitraum erhalten bleiben wird, sprechen folgende Überlegungen:

1. Die Bevölkerung der Bundesrepublik Deutschland wird bis zum Ende des Prognosezeitraums, d.h. bis 1990, rückläufig sein. Bei den privat nachgefragten Druckerzeugnissen kann also die Nachfrage nur dann steigen, wenn der spezifische Verbrauch an derartigen Produkten über das Ausmaß des Bevölkerungsrückgangs hinaus gesteigert wird.

Andererseits wird zumindest ein Teil der privat nachgefragten Druckerzeugnisse eher von der Zahl der Haushalte als von der Größe der Bevölkerung bestimmt (z.B. Zeitungen, Zeitschriften, Lexika). Da die Zahl der Haushalte im Prognosezeitraum noch leicht zunehmen wird, werden die dämpfenden Einflüsse aus dem Bevölkerungsrückgang zumindest teilweise kompensiert.

---

[20] Generell ist zu bemerken, daß alle Ansätze ein sehr hohes Bestimmtheitsmaß aufweisen. Die Veränderung der Produktion der Druckindustrie wird demnach zu 97-99 % durch das Bruttoinlandsprodukt bzw. die Produktion der Gesamtindustrie erklärt. Die Parameter für den Einfluß der erklärenden Variablen sind durchweg sehr gut gegen die Nullhypothese gesichert.

Tabelle 48: **Parameter und statistische Prüfmaße der ermittelten Funktionen**

Funktion	Regressionskoeffizienten		Stat. Sicherheitswerte		Bestimmtheitsmaß	Autokorrelation
	a	b	t_a	t_b	R^2	DW
$y = a + b\,x$	16,210	0,818	6,499	31,141	0,985	0,80
$ln\,y = a + b\,x$	3,659	0,009	105,464	25,106	0,977	0,45
$y = a + b\,ln\,x$	−237,746	73,102	23,640	32,875	0,986	1,24
$ln\,y = a + b\,ln\,x$	0,796	0,823	7,051	32,996	0,986	0,87

y = Index der Nettoproduktion der Druckerei- und Vervielfältigungsindustrie (1970 = 100);
x = Index der Nettoproduktion der Verarbeitenden Industrie (1970 = 100);
t_a, t_b = Absicherung der Parameter a und b gegen die Nullhypothese;
DW = Autokorrelationsmaß nach Durbin und Watson.

Quelle: Eigene Berechnungen.

2. In sicherlich steigendem, wenn auch nicht genauer feststellbarem Ausmaß werden Druckleistungen in Industriebereichen außerhalb der Druckindustrie erbracht und schmälern somit den Beitrag der im Produktionsindex zum Ausdruck kommenden Produktion der Branche selbst.
Andererseits bietet sich der Druckindustrie selbst die Chance, sich unter Nutzung neuer Technologien zu einer „Informationsindustrie" zu wandeln. In beiden Fällen tritt eine Änderung des Begriffsinhaltes „Druckindustrie" ein.

3. Der Beitrag der drucksparenden elektronischen Kommunikationsmedien wird sich Ende der achtziger/Anfang der neunziger Jahre weiter spürbar verstärken. Nach den Ergebnissen technologischer Vorausschätzungen amerikanischer und britischer Firmen werden insbesondere die Jahre 1985-1995 von technologischen Umbrüchen in der Kommunikation, der Informationsspeicherung und der Informationsverarbeitung gekennzeichnet sein.
Andererseits ist damit zu rechnen, daß der Gesamtumfang der weltweit, aber auch national, benötigten Informationen sehr rasch weiter steigen wird. Selbst wenn der Beitrag der Druckindustrie sich im genannten Zeitraum vermindern wird, reicht die Zunahme des gesamten Informationsbedarfs noch aus, um der Branche im Prognosezeitraum ein — wenn auch abgeschwächtes — Wachstum zu ermöglichen.

Um zu einer Vorausschätzung der Druckproduktion zu kommen, sind Überlegungen über die weitere Entwicklung der Produktion der Verarbeitenden Industrie in der Bundesrepublik bis 1985 und 1990 anzustellen. Nach internen Schätzungen des Ifo-Instituts wird diese im Zeitraum 1977-1985 durchschnittlich pro Jahr um 3,2 % zunehmen. Für die Periode 1985-1990 wird von einem durchschnittlichen Anstieg um 2,7 % je Jahr ausgegangen.

Überträgt man die Werte der vorausgeschätzten Industrieproduktion auf die ausgewählte Funktion

$$ln\, y = 0,7957 + 0,8232\, ln\, x$$

so ergibt sich für die Produktion der Druckerei-Industrie für 1977-1985 ein trendmäßiges Wachstum von 2,8 % pro Jahr und für den Zeitraum 1985-1990 ein solches von 2,2 %. Eine grafische Darstellung der Entwicklung im Zeitraum 1960-1990 zeigt Abbildung 4, in der der tatsächliche Verlauf (1962-1978) sowie der rechnerisch ermittelte Verlauf der Druckproduktion (1962-1990) eingezeichnet sind.

Das Wachstum der Druckindustrie wird sich also nach den Ergebnissen dieser Vorausschätzungen verlangsamen. Diese sind allerdings mit einem erheblichen Maß an Unsicherheit behaftet; dies gilt vor allem hinsichtlich Umfang und Auswirkungen medienpolitischer Entscheidungen. Wenn die Beeinträchtigung des Absatzes von Druckerei-Erzeugnissen durch neue Technologien in dem angenommenen Umfang innerhalb des Referenzzeitraumes nicht erfolgt – auch technische und wirtschaftliche Schwierigkeiten bei der Einführung dieser Techniken könnten hier wirksam werden –, werden die vorausgeschätzten Wachstumsraten eher die Untergrenze einer künftigen Entwicklung darstellen.

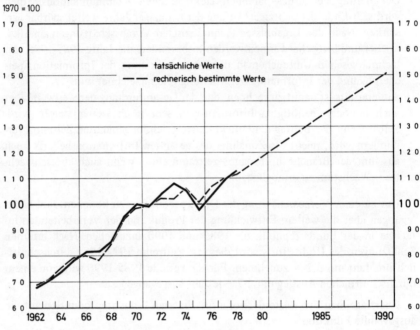

Abb. 4

Produktionsentwicklung der Druckindustrie bis 1990

Quelle: Statistisches Bundesamt, Schätzungen des Ifo-Instituts.

IFO-INSTITUT für Wirtschaftsforschung München 321/79

Schriftenreihe des Ifo-Instituts für Wirtschaftsforschung

Seit Frühjahr 1967 sind erschienen:

66 **Die voraussichtliche Entwicklung der Nachfrage nach Personenverkehrsleistungen in der Bundesrepublik Deutschland bis zum Jahre 1980.** 142 S. 1967. DM 39,80

67 **Die Nachfragekonzentration im Nahrungsmittelhandel.** Von M. Eli. 169 S. 1968. DM 35,60

68 **Wirtschaftliche Auswirkungen der Automatisierung.** Von J. Kruse, D. Kunz und L. Uhlmann. 162 S. 1968. DM 35,60

69 **Konjunktur und Neoklassik.** Von F. J. Clauß. 490 S. 1968. DM 98,—

70 **Konstruktion von Input-Output-Tabellen und -Modellen mit Hilfe elektronischer Datenverarbeitung.** Von G. Gehrig. 137 S. 1969. DM 46,60

71 **Einzel- und gesamtwirtschaftliches Wachstum unter bildungsökonomischen Aspekten.** Von R. Liebenberg. 191 S. 1970. DM 47,80

72 **Der Markenartikelvertrieb in den Ländern der Europäischen Wirtschaftsgemeinschaft und seine Auswirkungen auf den Wettbewerb.** Von H. Laumer unter Mitarbeit von E. Batzer und E. Greipl. 148 S. 1970. DM 46,60

73 **Die Verbreitung neuer Technologien.** 110 S. 1970. DM 44,—

74 **Technischer Fortschritt in den USA.** 157 S. 1971. DM 48,60

75 **Bestimmungsfaktoren industrieller Standorte.** Von H. Brede. 189 S. 1971. DM 48,—

76 **Der deutsche Ein- und Ausfuhrhandel im Entwicklungsländergeschäft.** Von E. Batzer, E. Greipl und H. Laumer. 93 S. 1971. DM 22,60

77 **Die Vergabe von Forschungs- und Entwicklungsaufträgen in der Bundesrepublik Deutschland.** Von K. Ch. Röthlingshöfer. 75 S. 1972. DM 22,60

78 **Bestimmungsgründe für Verkehrsnachfrage und Verkehrswegeplanung.** Von W. L. Schneider. 84 S. 1972. DM 19,60

79 **Einkaufszentren in der Bundesrepublik Deutschland.** Von E. Greipl. 210 S. 1972. DM 49,60

80 **Bedarf der Unternehmen an technologischen Voraussschätzungen.** Von J. Müller unter Mitarbeit von M. Breitenacher. 174 S. 1973. DM 58,60

81 **Preiskontrollen, Lohnkontrollen und Lohn-Preis-Indexbindung in den europäischen Ländern.** Von O. E. Kuntze. 201 S. 1973. DM 59,80

82 **Der Ausleseprozeß im Groß- und Einzelhandel.** Von E. Batzer, E. Greipl, W. Meyerhöfer und E. Singer. 176 S. 1974. DM 68,60

83 **Der Zusammenhang zwischen Bodenreform und wirtschaftlicher Entwicklung: Der Fall Peru.** Von Ch. C. Roberts. 179 S. mit zahlr. Schaubild. u. 24 Tab. 1974. DM 68,—

84 **Marketingperspektiven im Großhandel.** Von E. Batzer und E. Greipl. 99 S. 1975. DM 38,60

85 **Struktur und Entwicklung von Umweltschutzaufwendungen in der Industrie.** Von R. U. Sprenger. 208 S. 1975. DM 68,60

86 **Konjunkturprognose mit Hilfe von Urteilen und Erwartungen der Konsumenten und der Unternehmer.** Von G. Nerb. 266 S. mit 3 Ausschlagtaf. 1975. DM 88,60

87 **Bisherige und zukünftige Entwicklung des Textilverbrauchs in wichtigen Industrieländern.** Von M. Breitenacher. 124 S. mit zahlr. Tab. 1976. DM 48,—

88 **Investitionsinduzierter technischer Fortschritt.** Von K. H. Oppenländer. 148 S. 1976. DM 48,—

89 **Konjunkturschwankungen in Bayern.** Von A. Gebhardt und O. Hatzold. 162 S. 1976. DM 46,60

90 **Handhabung und Wirkung der unverbindlichen Preisempfehlung.** Von E. Batzer, E. Greipl und E. Singer. 143 S. 1976. DM 49,60

91 **Technik-Indikatoren.** Von L. Scholz unter Mitarbeit von L. Uhlmann. 122 S. 1977. DM 48,—

92 **Effizienz der indirekten steuerlichen Forschungsförderung.** Von K. Ch. Röthlingshöfer und R.-U. Sprenger unter Mitarbeit von L. Scholz. 124 S. 1977. DM 48,—

93 **Innovationspolitik zur Modernisierung der Produktions- und Fertigungstechnik.** Von L. Scholz. 85 S. 1977. DM 46,—

94 **Probleme der Innovationspraxis in der Industrie.** Von K. Grefermann und R.-U. Sprenger unter Mitarbeit von K. Ch. Röthlinghöfer. 122 S. 1977. DM 48,—

95 **Die Lagerhaltung des Groß- und Außenhandels aus struktureller, konjunktureller und betriebswirtschaftlicher Sicht.** Von E. Singer unter Mitarbeit von W. Meyerhöfer. 103 S. 1977. DM 44,60

96 **Wettbewerbssituation und -entwicklung des Einzelhandels in der Bundesrepublik Deutschland.** Von E. Greipl. 236 S. 1978. DM 78,—

97 **Neue Technologien in der Industrie.** Hrsg. von L. Nabseth und G. F. Ray. XXIV, 387 S. 1978. DM 126,—

98 **Der Innovationsprozeß in westeuropäischen Ländern.** I: Sozialwissenschaftliche Innovationstheorien. Von V. Müller und G. Schienstock. 293 S. 1978. DM 96,—; II: Der Ablauf industrieller Innovationsprozesse. Von L. Uhlmann. 140 S. 1978. DM 98,—; III: Der Innovationsprozeß in der Energiewirtschaft. Von G. F. Ray. In Vorb.; IV: Staatliche Innovationspolitik. Von H. W. Hetzler — V. Müller — G. Schienstock. 102 S. 1978. DM 36,60

99 **Determinanten und Prozesse der Investitionsentscheidungen von Luftverkehrsgesellschaften.** Analysiert am Beispiel von Investitionen im Personenlinienverkehr. Von H. Out. 203 S. 1978. DM 78,—

100 **Zur Schätzung und Beurteilung konjptureller Wirkungen öffentlicher Haushalte.** Von R. Lenk. 281 S. 1979. DM 96,—

101 **Beschäftigungseffekte der Umweltpolitik.** Von R.-U. Sprenger unter Mitarbeit von G. Britschkat. 208 S. mit 30 Tab. z. Text und 9 Tab. z. Anhang. 1979. DM 48,—

102 **Unternehmerischer Handlungsspielraum in der aktuellen wirtschafts- und gesellschaftspolitischen Situation.** Hrsg. von K. H. Oppenländer. 312 S. 1979. DM 48,—

103 **Auslandsmessen als Instrument der Außenhandelsförderung.** Von E. Greipl und E. Singer. 147 S. mit zahlr. Tab. 1980. DM 48,—

DUNCKER & HUMBLOT / BERLIN